Benediktbeurer Beiträge zur Jugendpastoral

Herausgegeben von Karl Bopp und Martin Lechner
Band 7

Martin Lechner / Angelika Gabriel (Hrsg.)

BBJP Band 7

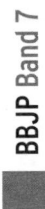

Offene Jugend(sozial)arbeit weiter denken

Impulse aus dem Innovationsprojekt
„Aufwind" (2008–2009)

Gerne nehmen wir Ihre Anregungen, Wünsche, Kritik oder Fragen entgegen:
Don Bosco Medien GmbH, Sieboldstraße 11, 81669 München
Servicetelefon: 0 89 / 48 00 8-341

Bibliografische Information der Deutschen Nationalbibliothek

Die Deutsche Nationalbibliothek verzeichnet diese Publikation in der
Deutschen Nationalbibliografie; detaillierte bibliografische Daten sind im
Internet über http://dnb.d-nb.de abrufbar.

1. Auflage 2010 / ISBN 978-3-7698-1836-9
© 2010 Don Bosco Medien GmbH, München
Umschlaggestaltung: Marion Stiegler, Don Bosco Druck & Design, Ensdorf
Satz: Marianne Leskovac
Druck: Don Bosco Druck & Design, Ensdorf

Gedruckt auf umweltfreundlichem Papier

Inhalt

Liebe Leserinnen und Leser,

in den beiden Jahren 2008 und 2009 haben sich acht Einrichtungen der Offenen Jugendarbeit und Jugendsozialarbeit intensiv mit der neuen Jugendnot in ihrem Kontext auseinandergesetzt und neue Perspektiven entwickelt. Das Innovationsprojekt „Aufwind" wollte dazu beitragen, gerade dieses spannungsreiche und herausfordernde Thema in den Einrichtungen zu verankern und eine neue Aufmerksamkeit dafür zu schaffen.

Umgesetzt wurde dieses Projekt vom Team des Jugendpastoralinstituts unter der Leitung von Prof. Dr. Martin Lechner. Zu diesem Team gehörten Frau Angelika Gabriel, Herr Claudius Hillebrand, Frau Hildegard Zinner sowie im Sekretariat Frau Christine Welland. Unterstützt wurden sie durch Professoren und Student(inn)en der Abteilung Benediktbeuern der Katholischen Stiftungsfachhochschule München. Ihnen allen danke ich an dieser Stelle für ihr Engagement, das nicht zuletzt auch zu dieser Veröffentlichung geführt hat.

Ein Projekt lebt zum einen von der praktischen Basis und zum anderen von theoretischen Kenntnissen. In diesem Buch findet sich beides wieder. So freue ich mich sehr, dass hier wissenschaftliche Vorträge von Prof. Dr. Wolfgang Bisler, Bruder Dr. Michael Hainz SJ und Prof. Dr. Martin Lechner neben praktischen Modellen und Praxis-Berichten zur Veröffentlichung gelangen.

Lassen Sie mich nun einleitend doch noch einige Vorüberlegungen hinzufügen. In unseren Einrichtungen der offenen Jugend(sozial)arbeit haben wir in den letzten Jahren zunehmend mit Jugendlichen zu tun, die gesellschaftlich ausgebremst und ausgegrenzt sind. Es gilt, ihnen Mut zu machen, ihre Resignation zu überwinden und sie aus ihrer Lethargie zu befreien, damit sie ihr Leben selbst in die Hand nehmen und ihre Fähigkeiten entfalten können. Ein erheblicher Teil junger Menschen schafft dies ohnehin, weil sie das große Glück hatten, als Kind in einer Familie Vertrauen und Förderung zu erfahren. Etliche von diesen engagieren sich dankenswerterweise in unseren Einrichtungen als Freiwillige oder als pädagogische Mitarbeiter.

Leider aber macht ein immer größer werdender Teil junger Menschen die Erfahrung, mit dem, was sie sind und können in der Gesellschaft nicht gebraucht zu sein. Ob ihrer oft aussichtslosen Lebenslagen landen sie nicht selten in Alkohol-, Drogen- oder Kriminalitätskarrieren. Eine Familie, die sie auffängt, haben sie meist nicht. Solche Jugendliche finden in unseren offenen Einrichtungen ein Zuhause und eine Heimat. Die offene Jugend(sozial)arbeit sieht sich daher vor neuen Fragen: Wie kann man solchen Jugendlichen helfen, dem Teufelskreis der Ausgrenzung zu entrinnen? Wie können sich unsere Einrichtungen neu aufstellen, um dieser neuen Herausforderung des Überflüssig-Seins gerecht zu werden? Mit welchen Hilfen können Jugendliche aus der Arbeitslosigkeit in ein Beschäftigungsverhältnis gebracht werden? Wie ist das Verhältnis unserer offenen Einrichtungen zur Hauptschule zu gestalten? Wie stellen sich die Gesellschaft und die Kirche zu diesen Entwicklungen? Was kann man den Stammtischparolen entgegensetzen, die da behaupten, die Jugendlichen seien selbst an ihrer Misere schuld?

Um diesen Fragen nachzugehen, fanden wir als Träger von Einrichtungen der offenen Jugend(sozial)arbeit im JPI sehr schnell den kompetenten Partner. Unterstützung bekamen wir auch seitens der Abteilung Benediktbeuern der Katholischen Stiftungsfachhochschule München. Auch erklärte sich eine Stiftung bereit, die Umsetzung dieses Projektes finanziell zu fördern; sie selbst möchte aber nicht genannt werden. Auch so etwas gibt es heute dankenswerterweise noch! So konnte dieses Projekt zum 1. Januar 2008 starten. Zahlreiche Gespräche, Untersuchungen, Erhebungen, Tagungen, Einrichtungsbesuche und Teamkonferenzen wechselten sich ab, und der Beirat begleitete die Entwicklung mit einer kritisch-konstruktiven Fachlichkeit.

Die vorliegende Veröffentlichung präsentiert nun exemplarische Ergebnisse des zweijährigen Reflexions- und Innovationsprozesses. Es würde den Umfang eines Buches weit überschreiten, alle Einsichten und praktischen Fortschritte darzustellen, die durch die kontinuierlichen Fortbildungseinheiten, die kollegialen Beratungsgespräche und die konzeptionelle Entwicklungsarbeit erzielt wurden. Natürlich geht solch ein Projekt zu Ende, aber das Anliegen und die konkrete Arbeit mit den Jugendlichen dauert an. Somit dient dieses Buch zum Innehalten und Anregen, um anschließend aber umso kräftiger durchstarten zu können. Mögen viele marginalisierte Jugendliche neuen Aufwind für ihr Leben dadurch erhalten, dass Mitarbeiter/-innen aus der offenen Jugend(sozial)arbeit und Interessierte aus ähnlichen Arbeitsfeldern die Inhalte dieses Buches aufgreifen und vor allem praktisch umsetzen.

P. Franz-Ulrich Otto SDB

Jugend in Not

Seismograph und Herausforderung für Gesellschaft und Kirche[*]

Br. Michael Hainz SJ

Im Folgenden orientiere ich mich am Dreischritt der kirchlichen Soziallehre „Sehen - Urteilen - Handeln", wandle freilich die einzelnen Schritte ab und ergänze sie: Vor den Hauptteil des „Sehens", d.h. der soziologischen Analyse heutiger Jugendnot, werde ich zunächst im Sinne einer Hermeneutik erläutern, von welchem Standpunkt ich auf die heutige Jugendnot schaue.

Zweitens will ich auf zwei Ebenen die Situation der Jugend heute analysieren, indem ich zunächst jugendbezogene Verheißungen und dann unmittelbare Problemlagen, insbesondere von benachteiligten Jugendlichen erörtere. Im dritten Teil werde ich die Lage der Jugendlichen und der Jugendsozialarbeit zusammenfassend deuten. Im vierten Teil kann ich auf die konzeptionellen und praktischen Folgerungen für die Jugendsozialarbeit in anderen Beiträgen dieses Bandes verweisen und mich auf spirituelle Impulse beschränken und über die Rolle von Religion für die Jugendsozialarbeit nachdenken.

1. Eine Hermeneutik des Sehens: Aus welcher Perspektive betrachte ich die Welt der Jugendlichen?

Das „Sehen" gesellschaftlicher Wirklichkeit ist nicht voraussetzungslos, sondern hängt vom Standpunkt, von der Perspektive und von der Sehkraft der Sehenden ab. Im Folgenden will ich meine Ausgangspunkte für das Wahrnehmen heutiger Jugendnot markieren.

Als Jesuit beginne ich mit einem dreifachen Impuls aus dem Exerzitienbuch des hl. Ignatius von Loyola, des Gründers des Jesuitenordens: In seiner „Betrachtung über die Menschwerdung" in der

---

[*] Vortrag, gehalten am 16.11.2009 anlässlich des Abschluss-Symposiums des Projektes „Aufwind" in Benediktbeuern.

zweiten Woche der Exerzitien (Nr. 101-109) lädt Ignatius die Übenden ein, gleichsam mit dem Blick der drei göttlichen Personen vom Thron der „göttlichen Majestät" die „ganze Fläche oder Rundung der ganzen Welt voller Menschen" zu schauen: „die einen in Frieden und die anderen im Krieg; die einen weinend und die anderen lachend, die einen gesund und die anderen krank". Drei Aspekte sind hierbei wichtig:

(1) Unsere Wahrnehmung soll aus einer möglichst umfassenden, globalen Perspektive erfolgen, die auch das jeweilige Stadtviertel oder Projekt aus einem größeren, letztlich globalen Zusammenhang betrachtet.

(2) Zweitens geht es bei diesem Wahrnehmen um einen ungeschminkten Realismus, der die Schattenseiten und abgrundtiefen Kontraste des Weltzustandes nicht ausblendet, der aber auch das Gute (das „Lachen") wertschätzt – die Soziale Arbeit übersetzt dies mit „Defizit- und Ressourcenorientierung".

(3) Dieses Wahrnehmen der Weltsituation bzw. Jugendnot geschieht nicht aus bloßem Erkenntnis- oder Wissenschaftsinteresse, sondern im Bewusstsein, dass die „zweite (göttliche) Person" für uns „Mensch geworden ist" (EB 102 und 104) mitten hinein in diese oft unwirtliche, lieblose, „kaputte" Welt in der unattraktiven Peripherie von „Nazaret in der Provinz Galiläa" – also in Chemnitz, Berlin-Marzahn, Kempten und sonstwo. Es geht also darum, sich vertrauensvoll dem unter ausgrenzenden Umständen Mensch gewordenen Jesus Christus anzuschließen und sich, wie es Ignatius in der „Betrachtung von der Geburt" (EB 110-117) vorschlägt, „zu einem kleinen armen und unwürdigen Knecht" zu machen, der sich beim Betrachten der Szene um den HERRN, der „in höchster Armut geboren wurde", fragt, wo er diesem HERRN in den Menschen samt all „ihrer Nöte dienen" kann.

Nach diesem spirituell-hermeneutischen Impuls will ich eine zweite, soziologische Perspektive anfügen, und zwar im Anschluss an Martin Kronauers Klassiker „Exklusion"[1]: Gewiss hat Exklusion mit gesell-

---

[1]   *Martin Kronauer:* Exklusion. Die Gefährdung des Sozialen im hoch entwickelten Kapitalismus, Frankfurt 2002.

schaftlichen Randphänomenen, mit den Ausgeschlossenen und Ausgegrenzten zu tun. Jedoch bezieht Exklusion soziologisch betrachtet
dieses Randphänomen zurück auf das Zentrum der Gesellschaft, d.h.
auf die gesellschaftliche Frage, wie soziale und politische Ungleichheiten entstehen und sich wandeln. Zwar wähnt man oft Ausgeschlosse-
ne, Ausgegrenzte als außerhalb der Gesellschaft stehend, ja als außerhalb von Sozialbeziehungen überhaupt. Diese Auffassung ist jedoch
falsch: Weil soziale Ausgrenzung durch zentrale Mechanismen der
Gesellschaft selbst erzeugt wird, kann man heute – so Kronauer –
Ausgrenzung „weniger denn je als Ausgrenzung aus der Gesellschaft" verstehen, sondern muss sie – paradoxerweise – als „Ausgrenzung in Gesellschaft" verstehen. „Die Ausgegrenzten sind Teil der
Gesellschaft, auch wenn sie nicht an ihr *teilhaben"*, – so die Kernthese
Kronauers[1].

Eine dritte, entscheidende Perspektive angemessener Jugend-
hermeneutik will ich nur andeuten, kann sie jedoch kaum einlösen,
nämlich Jugendnot aus Sicht der Jugendlichen zu betrachten, und
zwar unter der Rücksicht ihrer lebensweltlichen Bewältigung. Ich stelle also folgende an Richard Münchmeier[2] orientierte These zur Diskussion: „Bewältigung der Lebenswelt" sollte der zentrale Fokus heutiger Jugendsozialarbeit sein, nicht der Bezug auf Institutionen des
Arbeitsmarktes oder der Bildung.

2. Soziologische Analyse heutiger Jugendnot

Dass es nicht „die" Jugend, sondern – gegen die deutsche Grammatik
– unterschiedliche „Jugenden"[3] gibt, setze ich mit Verweis auf wissen-

---

[1] *Ders.:* „Exklusion" als Kategorie einer kritischen Gesellschaftsanalyse.
Vorschläge für eine anstehende Debatte, in: H. Bude / A. Willisch (Hg.):
Das Problem der Exklusion. Ausgegrenzte, Entbehrliche, Überflüssige,
Hamburg 2006, 27-45, hier, 29 (Hervorhebung Kronauer).

[2] *Richard Münchmeier:* Kindheit und Jugend im Wandel. Hintergrundpapier
zur Tagung „Entwicklung eines Rahmenkonzeptes der Kinder- und Jugendarbeit", München (Feierwerk), 30. April 2009 (Ms.).

[3] Ebd. 6.

schaftliche Literatur über ihre sozialstrukturellen und sozialkulturel-
len Differenzierungen[1] voraus.

2.1   Die ambivalenten Verheißungen heutiger Jugendlicher

Statt unmittelbar nach Problemen der Jugendlichen zu fragen, scheint
es mir ergiebiger, zunächst quasi auf einem Umweg auf die verhei-
ßungsvollen „Zauberworte" zu achten, die heutige Jugendliche anzie-
hen. Was ist „in" und „krass cool"? Welche Erlösungsversprechen bietet die Gesellschaft der Jugend heute an, um sie zu einem bestimmten
Denken, Fühlen und Verhalten zu bewegen?

Auf die beiden Jahrtausende alten Attraktionen Besitz und Sexualität, welche die Wirtschaft heute den Jugendlichen szenetypisch
(z.B. im Hip-Hop- oder Girly-Stil) unterjubelt, komme ich noch zu
sprechen. Darüber hinaus scheinen mir gesamtgesellschaftliche Verheißungen bedenkenswert, die auch Jugendlichen als Visionen vor
Augen gestellt werden. Zwei davon, Bildung und Individualisierung,
will ich erläutern.

Wohl eher schon im Abklingen ist Ulrich Becks Zeitgeist-
Stichwort „Individualisierung", das ab 1983 in die deutschsprachige
Öffentlichkeit, auch in die Jugendarbeit eingedrungen ist. Gerade bei
der Individualisierung lässt sich die Ambivalenz naiv rezipierter
Zauberworte aufdecken: So lange Individualisierung nüchtern als so-
ziologisches Konzept z.B. zur Analyse der Situation benachteiligter
Jugendlicher benutzt wird, kann sie wichtige diagnostische Einsichten
vermitteln. Wie allerdings Karl Otto Hondrich 1998 hellsichtig festge-

---

[1]   *Ralf Dorau:* Die zentralen Faktoren prekärer Lebenslagen, in: W. Bien/A.
Weidacher (Hg.): Leben neben der Wohlstandsgesellschaft. Familien in
prekären Lebenslagen, Wiesbaden 2004, 149-161; *Tanja Betz:* Kindheits-
muster und Milieus, in: Aus Politik und Zeitgeschichte 59 (17/2009), 14-
20; *Bund der Deutschen Katholischen Jugend/Misereor (Hg.):* Wie ticken Jugendliche? Sinus-Milieustudie U27, Düsseldorf/Aachen 2008; *Carsten
Wippermann/Bodo Flaig:* Lebenswelten von Migrantinnen und Migranten,
in: Aus Politik und Zeitgeschichte, 59 (5/2009), 3-11.

stellt hat,[1] lebt die euphorisch weite Verbreitung des Begriffs „Individualisierung" von der ihm zugesprochenen Erlösungsverheißung, die Menschen würden aus ihren engen, traditionalen Herkunftsmilieus in die Freiheit selbst bestimmter Lebensführung „freigesetzt". Kornelia Hahn hat 1995 herausgearbeitet,[2] dass es sich, soziologisch korrekt, bei Individualisierung um eine modernisierte Form „sozialer Kontrolle" handelt, d.h. um den als angenehm verpackten und damit unsichtbar gemachten gesellschaftlichen Zwang, dass die Individuen selbst, auf sich gestellt und frei von traditionalen Meso-Milieus, zu „Akteuren, Konstrukteuren, Jongleuren, Inszenatoren ihrer Biographien, ihrer Identität, aber auch ihrer sozialen Bindungen und Netzwerke und Überzeugungen"[3] werden. Da dann aber auch jedes Scheitern als Folge „meiner" – erst im Nachhinein sichtbaren – falschen Entscheidung gedeutet wird,[4] verstärkt diese Selbstzuschreibung, dass „ich schuld" sei, psychische Krisen gerade bei dafür ganz allein verantwortlich gemachten Verlierern, namentlich bei Jugendlichen, die noch dabei sind, Abstand zu sich selbst entwickeln. Die zweite fatale Wirkung dieser individuellen Zuschreibung besteht darin, dass genuin gesellschaftliche Probleme wie z.B. Arbeitslosigkeit oder das erwerbs- und bildungsbedingte Auseinanderdriften innerfamiliärer Stundenpläne von Vater, Mutter und Kindern, nicht dort bearbeitet werden, wo sie hingehören, nämlich in der öffentlichen, d.h. politischen Sphäre, sondern den Individuen als individuelle Probleme zugemutet werden.

Eine andere, aktuell wohl wirkmächtigste Verheißung ist die der Bildung: „Je besser du gebildet und ausgebildet bist, desto besser

---

1   *Karl Otto Hondrich:* Zur Dialektik von Individualisierung und Rückbindung am Beispiel der Paarbeziehung, in: Aus Politik und Zeitgeschichte 48 (53/1998), 3-8.

2   *Kornelia Hahn:* Soziale Kontrolle und Individualisierung. Zur Theorie moderner Ordnungsbildung, Opladen 1995.

3   *Ulrich Beck/Elisabeth Beck-Gernsheim:* Nicht Autonomie, sondern Bastelbiographie, in: Zeitschrift für Soziologie 22 (1993), 178-187, hier 186.

4   *Ulrich Beck:* Eigenes Leben – eigene Armut, Wo verläuft die Grenze zwischen Risiko- und Gefahrenbiographie?, in: *ders./ Wilhelm Vossenkuhl/Ulf Erdmann Ziegler:* Eigenes Leben. Ausflüge in die unbekannte Gesellschaft, in der wir leben, München 1995, 48-51.

werden deine gesellschaftlichen Lebenschancen sein, d.h. deine Stellung und Freiheitsgrade im Beruf, dein Einkommen, deine soziale Sicherheit". In dorfsoziologischen Forschungen konnte ich bereits vor 15 Jahren feststellen, wie diese Bildungsverheißung schon Eltern sechsmonatiger Babys dazu beflügelt, eigene Vereine zu gründen, um bereits in diesem frühen Stadium alle nur möglichen Bewegungs- und Sprachförderungen auf diese versprochene Zukunft hin zu betreiben.

Der Bildungsimperativ ist eine gesamtgesellschaftliche Verallgemeinerung, die für alle Kinder und Jugendlichen geltend gemacht wird. Aber wie im Fall der Individualisierung entsteht auch bei Bildung Jugendnot, weil die Bildungsverheißung ebenfalls ambivalent ist und Opfer hervorbringt. Natürlich ist es zunächst einmal sinnvoll, Bildung von Jugendlichen auf alle nur mögliche Weise zu fördern. Aber schauen wir genau hin auf drei Probleme:

(1) Andreas Belle hat auf die neuhumanistische, ja säkularistische Grundprägung des deutschen Bildungsbegriffs durch Wilhelm von Humboldt hingewiesen: „Humboldt eliminiert die Lehre eines Schöpfungsgottes und verweist auf die individuelle Aufgabe der ‚Bildung des Menschen'".[1] Indem dann Bildung nur als „Subjekt-Welt-Relation" interpretiert wird, wird systematisch der Gottesbezug ausgeklammert, nämlich die Befähigung, „die Wirklichkeit Gottes im eigenen Leben und in den Vorgängen der Gesellschaft zu entdecken"[2].

(2) „Bildung" wird in einschlägigen Diskursen häufig auf berufsspezifische Qualifikationen verengt. Es geht aber – wie der Ökumenische Rat der Kirchen in Österreich für die kirchliche Soziallehre wegweisend herausgearbeitet hat – um „ganzheitliche Bildung": „Bildung, die dem Menschen gerecht wird, wurzelt in einem lebendigen Interesse an der Welt, das zutiefst aus dem Staunen, der Achtung und der Dankbarkeit kommt. Neugier, Achtsamkeit, Verantwortungsbewusstsein, Beziehungsfähigkeit und Weltoffenheit sind grundlegende Ziele einer Persönlichkeitsbil-

---

1   *Andreas Belle:* Bildung und Jugendsozialarbeit, Düsseldorf 2006, 77.
2   *Ökumenischer Rat der Kirchen in Österreich (Hg.):* Sozialwort des Ökumenischen Rates der Kirchen in Österrreich, Wien 2003, Nr. 29.

dung, die (...) ein Leben (lang) weiterzuentwickeln sind. Darauf bauen jene Fähigkeiten auf, welche Teilnahme am gesellschaftlichen Leben in Wirtschaft und Politik ermöglichen: Allgemeinbildung, Vertrautheit mit modernen Technologien und berufsspezifische Qualifikationen".[1]

(3) Die PISA-Debatten verdunkeln trotz ihrer Erhellung des Zusammenhangs von Bildung und sozialer Herkunft etwas Grundlegendes: Trotz aller Betonung formeller Bildungsinstitutionen (Kindergarten, Schule) hängt der individuelle Bildungserfolg gerade nicht vom Besuch dieser Einrichtungen ab, sondern letztlich vom kulturellen Kapital des Elternhauses und vom gesamten, eben auch informellen Lernumfeld der Kinder und Jugendlichen. Gerade weil umfassende Bildung entscheidend ist, wird unter den gegebenen Bedingungen soziale Ungleichheit erzeugt und verstärkt, denn zum einen fehlen in bildungsfernen Milieus „den Eltern häufig das Bewusstsein, der Wille und nicht zuletzt die sozialen, kulturellen und materiellen Ressourcen, ihren Kindern neben der Schule ein anregendes Lernumfeld zur Verfügung zu stellen. (...) Aber ebenso wenig, wie sich Kinder dem Elternhaus entziehen können, können sie sich dem Sozialraum entziehen, in dem sie aufwachsen. Die langsam, aber stetig voranschreitenden sozialräumlichen Polarisierungsprozesse führen innerhalb der Stadt zu einer Konzentration von bildungsnahen und bildungsfernen Bevölkerungsgruppen in bestimmten Stadtteilen – mit den entsprechenden Verstärkereffekten auf die Entwicklung der dort lebenden Kinder in die eine oder andere Richtung".[2] Die öffentliche Bildungsdebatte, die auf den Besuch formeller Einrichtungen fokussiert, geht also an den eigentlichen sozialen Problemhintergründen der Jugendbildung vorbei.

Mit dieser Problematisierung von Individualisierung und Bildung möchte ich Sie dafür wach machen, dass die unbedachte Übernahme gängiger Verheißungs- oder Erlösungsbegriffe künftige Problemlagen

[1] Ebd. Nr. 18 und 20.
[2] *Henning van den Brink:* Von feinen Unterschieden zu großen Unterschieden, in: Aus Politik und Zeitgeschichte 59 (17/2009), 8-14, hier 11.

mit erzeugt, namentlich die Ausgrenzung von Jugendlichen. Die gute Nachricht dieser kritischen Analyse des Bildungsdiskurses lautet, dass Bildung außerhalb der Schule, die so genannte „non-formelle" und „informelle" Bildung, also auch Jugendsozialarbeit, eine wichtigere Bedeutung bekommt. Henning van den Brink zeigt auf, dass gerade mehr kulturelle Bildung – zum Beispiel „Schauspiel, Gesang, Schattentheater, Bühnenbild, Klangbau, Percussion"[1] – signifikant zum Abbau von Bildungsbenachteiligung beiträgt.

2.2 Unmittelbare Problemlagen heutiger Jugendlicher

2.2.1 Ausgrenzung

Die in den letzten sieben Jahren heftig geführte sozialwissenschaftliche Debatte[2] um „Exklusion", „Ausgrenzung" und um die so genannten „Überflüssigen" – ein problematischer Begriff, wie ich zeigen werde – hat im Vergleich zur Individualisierungsdebatte den Vorteil, dass sich in ihrem Licht die Problemlagen von Jugendlichen klarer als gesellschaftlich verursacht und damit politisch bekämpfbar konzipieren lassen. Ich werde Martin Kronauers dreidimensionales Exklusionskonzept auf fünf Dimensionen erweitern und dort, wo es vom Bezug zum Sozialstaat handelt, vertiefen:

(1) Ausgrenzung bedeutet erstens Ausgrenzung aus der „Einbindung in Erwerbsarbeit", nämlich „Marginalisierung am Arbeitsmarkt und in der Beschäftigung, bis hin zum völligen Ausschluss von Erwerbsarbeit, ohne (dass die Betroffenen, M. H.) in eine andere, gesellschaftlich anerkannte Position (Studierender, Hausfrau, Rentner, M. H.) ausweichen" können. „Ausgegrenzt sein

---

[1]   Ebd. 13.

[2]   *Martin Kronauer:* Exklusion. Die Gefährdung des Sozialen im hoch entwickelten Kapitalismus, Frankfurt/New York 2002; *Heinz Bude:* Die Ausgeschlossenen. Das Ende vom Traum einer gerechten Gesellschaft, Bonn 2008; *H. Bude/A. Willisch (Hg.):* Exklusion. Die Debatte über die „Überflüssigen, Frankfurt am Main 2008; *H. Bude/A. Willisch (Hg.):* Das Problem der Exklusion. Ausgegrenzte, Entbehrliche, Überflüssige, Hamburg 2006.

heißt dann, in der Gesellschaft keinen Ort zu haben, überzählig zu sein. An die Stelle der wechselseitigen (arbeitsbedingten, M. H.) Abhängigkeiten in der Gesellschaft tritt die einseitige Abhängigkeit von der Gesellschaft. Die ‚Überzähligen' in der Gesellschaft sind nicht einmal ausgebeutet."[1]

Empirisch waren nach Daten der Bundesagentur für Arbeit[2] im Oktober 2009 insgesamt 3,2 Millionen Menschen in Deutschland arbeitslos, 7,7 Prozent aller zivilen Erwerbspersonen. Von den 15- bis unter 20-jährigen waren zum gleichen Zeitpunkt rund 61.200 Personen arbeitslos, was einer Jugend-Arbeitslosenquote von 4,1 Prozent entspricht. Aber bereits die Arbeitslosenquote der 20-25-Jährigen nähert sich mit 7 Prozent dem gesamtgesellschaftlichen Durchschnitt an. Im Oktober 2009 bezogen gut eine Million Menschen Arbeitslosengeld I und 4,9 Millionen „erwerbsfähige Hilfsbedürftige" Arbeitslosengeld II. Leider sind diese Daten nicht altersmäßig gestaffelt. Aber weil jeweils ganze Haushalte davon betroffen sind, sind mehrere Millionen Jugendliche davon beeinträchtigt.

Zusätzlich zu den Arbeitslosen sind auch diejenigen Menschen einzurechnen, die an so genannten „entlastenden Maßnahmen der Arbeitsmarktpolitik teilnehmen oder zeitweise arbeitsunfähig erkrankt sind" und deshalb nicht als arbeitslos gezählt werden, so dass sich damit im Oktober 2009 in Summe 4,4 Millionen Unterbeschäftigte ergeben.[3] Hinzu kommt noch die Kurzarbeit, die im Juni 2009 1,4 Millionen Menschen betraf.

Für die Integration in die gesellschaftliche Arbeitsteilung ist neben der Zahl und dem Anteil der Beschäftigten auch die Art der Beschäftigungsverhältnisse von Belang. Relevant ist hier die Entwicklung hin zu befristeten und Teilzeit- und sonst wie prekären

---

1   *Martin Kronauer:* „Exklusion" als Kategorie einer kritischen Gesellschaftsanalyse. Vorschläge für die anstehende Debatte, in: H. Bude/A. Willisch (Hg): Das Problem der Exklusion. Ausgegrenzte, Entbehrliche, Überflüssige, Hamburg 2006, 27-45, hier 34 f.

2   http://www1.arbeitsamt.de/hst/services/statistik/detail/index.html S. 1.

3   Ebd.18.

Arbeitsverträgen,[1] die gerade bei den davon betroffenen Jugendlichen ein Gefühl von Vorläufigkeit und Unsicherheit verbreiten und die Sorge um Arbeitsplätze, selbst bei denen, die einen innehaben, spürbar gesteigert haben, wie die letzte Shell-Jugend-Studie[2] unterstreicht. Im biographischen Erleben der Jugendlichen ist das – falls es überhaupt geschieht – Hineinstottern in den Arbeitsmarkt, zumal für Jugendliche mit fehlenden oder niedrigen Bildungsabschlüssen, ein im Vergleich zu früher sehr viel unsicherer, längerer, mühsamerer und mit viel mehr Angst besetzter Dschungelpfad geworden.

(2) In der zweiten Dimension bedeutet Ausgrenzung aus unterstützenden persönlichen Nahbeziehungen „soziale Isolation – eine Beschränkung der sozialen Beziehungen auf Menschen in gleicher, benachteiligter Lage (und damit eine weitere Beschränkung von Ressourcen und Möglichkeiten, die Lage zu verändern) oder aber, im Extremfall, die Vereinzelung."[3]

Empirisch haben wir seit den sechziger und siebziger Jahren des 20. Jahrhunderts eine großflächige, massive Schwächung tragender Sozialbeziehungen gegenseitiger Anerkennung und Hilfe erlebt, die, empirisch gesehen, mit Ausgrenzung und Armut einhergeht. Allein im Jahr 2008 wurden 192.000 Ehen in Deutschland geschieden. Dieses offenbar nicht abreißende Massenphänomen der Scheidungen stellt ein soziologisch unstrittiges Armuts- und Ausgrenzungsrisiko dar. Nach Daten des Sozioökonomischen Panels[4] war im Jahr 2005 die Armutsrisikoquote – definiert als Anteil der Haushaltseinkommen, die unter 60 Prozent des mittleren Einkommens liegen – in Haushalten von Alleiner-

---

[1] Vgl. Arbeitsgruppe Alternative Wirtschaftspolitik: Memorandum 2009, Köln 2009, 111.

[2] *Shell Deutschland Holding (Hg.):* Jugend 2006. Eine pragmatische Generation unter Druck, Frankfurt am Main 2006.

[3] *Martin Kronauer:* „Exklusion" als Kategorie einer kritischen Gesellschaftsanalyse. Vorschläge für die anstehende Debatte, in: H. Bude/A. Willisch (Hg): Das Problem der Exklusion. Ausgegrenzte, Entbehrliche, Überflüssige, Hamburg 2006, 27-45, hier 35.

[4] Zit. in: *Bundesministerium für Arbeit und Soziales:* Lebenslagen in Deutschland. Dritter Armuts- und Reichtumsbericht, Berlin 2008, 184.

ziehenden mit 36 Prozent doppelt so hoch wie in Haushalten von zwei Erwachsenen und einem Kind oder mehreren Kindern.

(3) Nun zu der nach Martin Kronauer dritten Dimension der Exklusion: Hinsichtlich der „Teilhabe am ‚kulturell angemessenen' Lebensstandard und den damit einhergehenden Lebenschancen" geschieht Ausgrenzung zum einen „durch die Verweigerung von Bürgerrechten und den Ausschluss aus Institutionen", z.b. weiterführenden Schulen, Universitäten, Krankenhäusern, Altenheimen. Aber Ausgrenzung von Lebensstandard und Lebenschancen kommt auch zustande „durch diskriminierende Behandlung in Institutionen (…), ungenügende Schutzrechte und Leistungen, die es nicht erlauben, entsprechend allgemein anerkannter (…) Standards zu leben." Hier lässt sich über die (zu) knappe Höhe der Hartz-IV-Sätze und des Sozialgeldes diskutieren. Ausgrenzung zeigt sich dann „in der Unfähigkeit, mit anderen ‚mitzuhalten'", und in der „Erfahrung von Macht- und Chancenlosigkeit".[1]

Während die beiden erstgenannten Integrationsmodi, Erwerbsarbeit und persönliche Nahbeziehungen, auf dem Prinzip wechselseitiger Kooperation und Abhängigkeit bestehen, konzipiert Kronauer die Integration mittels „sozialer Rechte" als einseitige Abhängigkeit (Dependenz).[2]

Diese Dependenz vom Sozial-, Rechts- und Kulturstaat ist m.E. noch gründlicher zu analysieren mit Blick auf die subtile Herrschaftsform der Individualisierung, die „regiert", indem sie einen Eigenbeitrag der Individuen abverlangt. Erst dann kann man den vollen Ausschließungseffekt z.B. der Sozialstaatsabhängigkeit für solche Jugendliche erfassen, die sich bildungsbedingt im Umgang mit Papierkram und Computermasken schwer tun und/oder die wegen ihres tendenziell geringen Selbstbewusst-

---

1   *Martin Kronauer:* „Exklusion" als Kategorie einer kritischen Gesellschaftsanalyse. Vorschläge für die anstehende Debatte, in: H. Bude/A. Willisch (Hg): Das Problem der Exklusion. Ausgegrenzte, Entbehrliche, Überflüssige, Hamburg 2006, 27-45, hier 35.

2   *Martin Kronauer:* Exklusion. Die Gefährdung des Sozialen im hoch entwickelten Kapitalismus, Frankfurt/New York 2002, 151-204.

seins und ihrer geringen Frustrationstoleranz nicht hinreichend flexibel und zäh mit Amtspersonen verhandeln können, weil nämlich viele Leistungen des Sozialstaats, von der Rente bis zum Sozialgeld in besonderen Lebenslagen, vom Eigenbeitrag der Betroffenen abhängen – d.h. die „Bittsteller" müssen Anträge in unverständlichem Juristendeutsch ausfüllen – schaffen es sozial benachteiligte oder individuell beeinträchtigte Jugendliche entweder nur mit viel Mühe und in Begleitung oder sie schaffen es gar nicht, sich auf diese Weise in den Sozialstaat zu „integrieren".

Zu diesen drei Dimensionen der Integrations- bzw. Ausgrenzung, die Kronauer herausgearbeitet hat, Erwerbsarbeit, Nahbeziehungen und Sozial- bzw. Rechtsstaat, füge ich – gerade mit Blick auf benachteiligte Jugendliche – zwei weitere Ausgrenzungsdimensionen hinzu: die sozialräumlich-ökologische Ausgrenzung und die spirituell-religiöse Ausgrenzung.

(4) In der sozialräumlich-ökologischen Dimension bedeutet Ausgrenzung das Fehlen einer angenehmen, gesunden Wohnumgebung, die Zerstörung natürlicher Lebensgrundlagen und „Raumnot" – Raumnot, wie sie Martin Lechner bei Jugendlichen mit den Stichworten „Enteignung von Lebensräumen", „Verinselung von Lebenswelt", „Programmierung der Alltagswelt" und „Ghettoisierung von Kindern und Jugendlichen" umschrieben hat.[1] Der Stadtsoziologe Hartmut Häußermann weist nach, dass sich die Armen in den relativ schlechtesten Stadtbezirken konzentrieren: „In der Stadtforschung herrscht Einigkeit darüber, dass die soziale Segregation (Spaltung) auch in den europäischen Städten seit den 1990er Jahren wieder zunimmt – zumindest am unteren Rand der Sozialskala."[2] Das Statistische Bundesamt zeigt in der

---

[1]   *Martin Lechner:* Lebens- und Glaubensräume junger Menschen. Raumpädagogische Perspektiven für die kirchliche Jugendarbeit, in: H. Amann/G. *Kruip/M. Lechner (Hg.):* Kundschafter des Volkes Gottes. Festschrift für P. Roman Bleistein SJ zum 70. Geburtstag, München 1998, 311-330, hier 311-317.

[2]   *Hartmut Häußermann:* Die Krise der „sozialen Stadt". Warum der sozialräumliche Wandel der Städte eine eigenständige Ursache für Ausgrenzung ist, in: H. Bude/A. Willisch (Hg): Das Problem der Exklusion. Ausgegrenzte, Entbehrliche, Überflüssige, Hamburg 2006, 294-313, hier 298.

Studie „Leben in Europa" über „Armut und Lebensbedingungen" (mit Zahlen von 2004), dass Einkommensarme oft in beeng-
ten, lauten und feuchten Wohnungen leben.[1] Dies ist die Quelle
von Konflikten, Unzufriedenheit, gesundheitlichen Beeinträchtigungen und sozialer Ausgrenzung. Welcher ärmere Jugendlicher
lädt schon Klassenkameraden aus betuchteren Milieus zu sich
nach Hause in seine schäbige Wohnung ein?

(5) In der spirituell-religiösen Dimension bedeutet Ausschluss einen
Mangel an der Überlebensressource Hoffnung sowie den fehlenden Zugang zu religiösen Kraftquellen, z.b. des Gebets, der Ver-
söhnung und der religiösen Rituale. Religiös-spirituell Ausge-
schlossene sind damit wesentlicher Bewältigungs- bzw. Coping-
Strategien beraubt, die dazu helfen, auch schwierige Situationen
mit Hilfe eines religiösen Grund- und Selbstvertrauens zu bestehen und das Bewusstsein der Wertschätzung sich selbst und anderen gegenüber aufrechtzuerhalten.

Ich erinnere an die Herausarbeitung des „abgehängten Prekariats" (8% der gesamtdeutschen, 25% der ostdeutschen Bevölkerung) in der Milieu-Studie der Friedrich-Ebert-Stiftung.[2] Dieses
abgehängte Milieu vereinigt alle Merkmale der ökonomischen,
sozialen, politischen und religiösen Ausgrenzung. Seine Angehörigen leben finanziell oft unter der Armutsgrenze. Zwei Drittel
sind arbeitslos, die anderen haben unsichere Arbeitsplätze. Sie besitzen kaum Wohneigentum oder finanzielle Rücklagen, sondern
sind im Gegenteil häufig verschuldet. Diese „abgehängten Preka-
rier" haben wenig familiären Rückhalt und fühlen sich auf der
Verliererseite und vom Staat alleingelassen. Sie gehen deshalb
auf Distanz zu Parteien und Politikern und lehnen auch Auslän-
der massiv ab. Sie weisen den höchsten Anteil an Konfessionslo-
sen auf und haben daher auch wenig glaubensmäßig gestützte
Möglichkeiten der Orientierung und Lebensbewältigung.

---

[1] www.destatis.de/lebenineuropa, 29 f.
[2] *Gero Neugebauer:* Politische Milieus in Deutschland. Die Studie der Friedrich-Ebert-Stiftung, Bonn 2007.

2.2.2 Armut in den Dimensionen des Lebenslagen-Ansatzes

Mit Hilfe des Lebenslagen-Ansatzes der Armutsforschung lässt sich, teilweise überschneidend mit dem eben Ausgeführten, die Betroffenheit von Jugendlichen in wesentlichen Dimensionen ihres Daseins anschaulich beschreiben. In einem Vortrag „Fremde Milieus und Neue Armut als Herausforderung für die Jugendpastoral" habe ich dies anhand der Dimensionen Einkommensarmut, Wohnen, Gesundheit, Bildung, Konsum und Lebenszufriedenheit getan.[1] Hier will ich nur die beiden Punkte „Gesundheit" und „Bündelung aller Dimensionen in der Lebenslage von benachteiligten Jugendlichen" hervorheben:

(1) Zur Gesundheit hat Sr. Margareta Kühn in ihrem „Bericht (...) aus dreijähriger Projektarbeit der Manege gGmbH" festgestellt, dass in „sozialen Brennpunkten" eine „kinderärztliche Unterversorgung besteht", ja eine „Flucht der Mediziner aus Problemvierteln". Der von ihr zitierte Präsident des Bundesverbandes der Kinder- und Jugendärzte Deutschlands, Wolfram Hartmann, hält es „für gegeben, dass sich diese Verhältnisse bald in ganz Deutschland häufen werden", weil „nach den Berechnungen" dieses Verbands „eine Kinderarztpraxis in einem sozial schwachen Viertel durchschnittlich 40 Prozent weniger abwirft als eine Kinderarztpraxis in einem reichen Stadtteil."[2]

Eine Vielzahl neuer Studien zum Zusammenhang von Gesundheit und sozialer Ungleichheit[3] umschreibt die Schrägverteilung

---

[1]   *Michael Hainz:* Fremde Milieus und Neue Armut als Herausforderung für die Jugendpastoral, in: Warum denn nicht soziale Öffnung?! Plurale Jugendwelten in der einen Kirche. Dokumentation der Jahrestagung für Jugendseelsorge 2007 – (= Materialien Nr. 141, hrsg. vom Erzbischöflichen Jugendamt München und Freising 2009), S. 6-29.

[2]   *Margareta Kühn:* Bericht auf der Grundlage empirisch belastbarer Daten aus dreijähriger Projektarbeit der Manege gGmbH, (Ms.) Berlin 2009, 51 f.

[3]   *Bundesministerium für Familie, Senioren, Frauen und Jugend:* Bericht über die Lebenssituation junger Menschen und die Leistungen der Kinder- und Jugendhilfe in Deutschland. 13. Kinder- und Jugendbericht, Berlin 2009; *M. Richter/K. Hurrelmann (Hg.):* Gesundheitliche Ungleichheit. Grundlage, Probleme, Perspektiven, Wiesbaden ²2009; *Bärbel-Maria Kurth/Heike Hölling/Robert Schlack:* Wie geht es unseren Kindern? Ergebnisse aus dem bundesweit repräsentativen Kinder-und Jugendgesundheitssurvey

des Gutes Gesundheit bei Jugendlichen, die deshalb so gravierend ist, weil z.b. bei der körperlichen Bewegung, Ernährung und psychosozialen Entwicklung nach Aussagen des 13. Kinder- und Jugendberichts der Bundesregierung mit „deutlich höheren gesundheitlichen Belastungen zu rechnen ist, wenn diese Jugendlichen erwachsen sind"[1]. Um nur zwei Befunde aus diesem Bericht zu zitieren:

14- bis 17-jährige Mädchen und Jungen mit niedrigem sozialen Status sind (nach Elternangaben) mit 17,8 Prozent zweieinhalbmal so häufig psychisch oder verhaltensauffällig wie Jugendliche mit hohem sozialen Status (7,4%).[2] Übergewicht und Fettsucht (Adipositas), die als Krankheit im Zeitvergleich eine „erhebliche Zunahme" verzeichnen, liegen bei 14-17-Jährigen mit niederem sozialen Status mit einem Anteil von 14 Prozent fast dreimal so häufig vor wie bei Gleichaltrigen mit hohem sozialen Status (5,2%).[3]

(2) Bezüglich der Gesamtbetrachtung von Benachteiligung gilt, dass sich die erwähnten Dimensionen der Lebenslagen (Einkommensarmut, Wohnen, Gesundheit, Bildung, Konsum und Lebenszufriedenheit) statistisch gesehen auf abgrenzbare soziale Gruppierungen konzentrieren. Wer über wenig Einkommen verfügt, muss aller Wahrscheinlichkeit nach signifikant häufiger als andere mit Konsumeinschränkung, niedriger Bildung, unwirtlicher Wohnumgebung, schlechter Gesundheit und geringerer Lebenszufriedenheit vorlieb nehmen. Oder andersherum, worauf der 13. Kinder- und Jugendbericht hinweist, nämlich dass „grenzwertig bis psychisch auffällige Heranwachsende über we-

---

(KiGGS), in: H. Bertram (Hg.): Mittelmaß für Kinder. Der UNICEF-Bericht zur Lage der Kinder in Deutschland, München 2008, 127-151; *F. Petermann (Hg.)*: Lehrbuch der Klinischen Kinderpsychologie, Göttingen 2008.

1   Bundesministerium für Familie, Senioren, Frauen und Jugend, a.a.O. 36.
2   Ebd. 131.
3   Ebd. 135.

nig personale, familiäre und soziale Ressourcen sowie eine geringe Lebensqualität verfügen"[1].

2.2.3 Ergänzende qualitative Beschreibungs- und Bewertungsdimensionen

Um Jugendnot gerade bei benachteiligten Jugendlichen angemessen zu beschreiben, sind subjektive und sozialkulturelle Aspekte hinzuzufügen:

(1) Nach den Ausführungen über Ausgrenzung und Armut könnte der falsche Eindruck aufkommen, als ginge es allen Ausgegrenzten und Armen im Wesentlichen gleich, nämlich gleich schlecht. Zu kurz kommt bei einer solchen objektivierenden Betrachtung die je individuelle Weise des Umgangs mit Armut und Ausgrenzung. Jeder und jede Arme ist einmalige Person und verarbeitet und bewertet die eigene Armut individuell ganz unterschiedlich – je nach Vorerfahrungen und ökonomischen, kulturellen, sozialen und symbolischen Kapitalien. Die Forschung[2] unterscheidet u.a. folgende vier Typen, wie Menschen mit Armut umgehen:

a) die „verwalteten Armen", die ganz abhängig geworden sind von Fürsorgeeinrichtungen;

b) die „erschöpften Einzelkämpfer -innen", die alleine auf sich gestellt vieles probiert haben und müde geworden sind;

c) die „ambivalenten Jongleure", die sich mit Tricks, kleinen Betrügereien, Connections, riskant durchmanövrieren, immer in der Gefahr abzustürzen;

d) und schließlich die „vernetzten Aktiven", die ihre Lebenssteuerung behalten und gut eingebettet sind in ein soziales Unterstützungsnetzwerk.

---

[1]   Ebd. 131.

[2]   *Uta Meier/Heide Preuße/Eva M. Sunnus:* Steckbriefe von Armut. Haushalte in prekären Lebenslagen, Wiesbaden 2005.

Um zusätzlich den kulturellen Vervielfältigungsfaktor des Migrationshintergrundes anzudeuten: Selbst männliche türkische Jugendliche (18- bis 24-jährig) der zweiten Generation, deren wesentliche habituelle Unsicherheit sich „im Bereich der Geschlechterverhältnisse" festmachen lässt, unterscheiden sich darin, wie sie auf die hergebrachte kulturelle Grundorientierung der „Ehre des Mannes" Bezug nehmen, ob sie an diesem tradierten Habitus auch mitten in Berlin festhalten und ihre Freundin morgens zur Schule hinbringen und mittags wieder von dort nach Hause begleiten; ob sie sich von diesem Habitus halb distanzieren, indem sie ihrer deutschen(!) Freundin zwar den Gebrauch des Minirocks erlauben, aber jeden Passanten, der ihr nachgafft, spontan mit einem Fausthieb bestrafen; oder ob sie – im Falle einer Gruppe von Breakdancern – nach völliger Verabschiedung von hergebrachten Ehe- und Familien-Regeln in „europäischer" Haltung den Mädchen eine freie Zustimmung oder Ablehnung einer „rein sexischen" Beziehung abverlangen.[1]

(2) Ein zweiter qualitativer Aspekt heutiger Jugendnot lässt sich mit dem Stichwort „Unsicherheit" benennen, die sich aus den gestiegenen Risiken von Arbeitswelt, familiären Nahbeziehungen und sozialstaatlichen Kürzungen ergibt. In gewichtigen zeitdiagnostischen Analysen[2] ist von diesem viel mehr „schwankenden gesellschaftlichen Boden", von neuer „Unsicherheit" und „Prekarität" die Rede. Wenn auch die sozialen Ängste der „mittleren Mittelschicht", d.h. der „gehobenen Routineangestellten", zwischen rund 1989 und 2007 am stärksten zugenommen haben, sind die beiden Unterschichten (die „unteren Routineangestellten" und

---

1   *Ralf Bohnsack:* „Die Ehre des Mannes". Orientierung am tradierten Habitus zwischen Identifikation und Distanz bei Jugendlichen türkischer Herkunft, in: M. Kaul/W. Marotzki (Hg.): Biographische Arbeit. Perspektiven erziehungswissenschaftlicher Biographieforschung, Opladen 2002, 117-141; hier 124-136.

2   *Richard Sennett:* Der flexible Mensch. Die Kultur des neuen Kapitalismus, Berlin 1998; *Zygmunt Bauman:* Leben in der flüchtigen Moderne, Frankfurt am Main 2007; *Robert Castel:* Die Wiederkehr der sozialen Unsicherheit, in: R. Castel/K. Dörre (Hg.): Prekarität, Abstieg, Ausgrenzung. Die soziale Frage am Beginn des 21. Jahrhunderts, Frankfurt/New York 2009, 21-34.

die „an- bzw. ungelernten Arbeiter") absolut noch immer am meisten vom Lebensgefühl der Prekarität betroffen, das mit der „Sorge vor dem Verlust des Arbeitsplatzes" erfragt wurde.[1]

Was hat das für den Lebensentwurf von Jugendlichen für Folgen, wenn vieles brüchig und unsicher wird und sich Orientierung und Sicherheit gebende „Normalitätsstandards" auflösen? Manche Jugendlichen mögen „auf Sicht", und damit ganz „pragmatisch unter Druck" ihr Leben führen – so der Tenor der letzten Shell-Jugend-Studie[2]. Andere fliehen z.b. in Scheinsicherheiten des Fundamentalismus oder des Fankults als begeisterte Anhänger von Musik- oder Fußballstars. Viele Jugendliche werden innerlich schwach und unsicher bei umso lauterem „Gedöns" nach außen.

(3) Eine weitere qualitative Seite heutigen Jugendlebens lässt sich mit den Polen Anerkennung bzw. Wertschätzung und Ablehnung bzw. Stigmatisierung kennzeichnen. Für Menschen generell, für Jugendliche im Besonderen, geht es im Sinne einer biographischen Aufgabe darum, die Wertschätzung anderer Menschen und die Selbstwertschätzung einigermaßen zusammenzubringen. Diese doppelte Wertschätzung ist je nach sozialer Herkunft und kultureller Zugehörigkeit höchst ungleich verteilt und dementsprechend in den jeweiligen Habitus eingeprägt. Zwei Befunde aus der Forschung illustrieren dies:

Eine amerikanische, von Betty Hart und Todd R. Risley durchgeführte Auswertung aufgenommener Gesprächen von 42 Eltern mit ihren Kindern von Geburt an bis zum Alter von zweieinhalb Jahren zeigte, dass Eltern-Kind-Interaktionen je nach Schicht andere Botschaften der Wertschätzung oder Nicht-Wertschätzung vermittelten – je nachdem, ob beide Eltern qualifizierten Berufen nachgingen, ob es sich um Arbeiterhaushalte handelte oder um

---

[1] *Holger Lengfeld/Jochen Hirschle:* Die Angst der Mittelschicht vor dem sozialen Abstieg. Eine Längsschnittanalyse 1984-2007, in: Zeitschrift für Soziologie 38 (2009), 379-398.

[2] Vgl. *Matthias Sellmann:* Shell-Jugendstudie 2006. Eine pragmatische Generation unter Druck, in: Stimmen der Zeit, Bd. 225 (2007), 65-69.

Familien, die von der Wohlfahrt lebten. „Die Eltern in der gehobenen Schicht sprachen fast viermal mehr (...) mit ihren Kindern als die Eltern in den Familien, die von der Wohlfahrt lebten. Anders als bei den Eltern in prekären Verhältnissen erschöpften sich ihre Botschaften auch nicht in Anweisung und Tadel, sondern beinhalteten auch Lob und forderten die Kinder zur Äußerung ihrer Meinungen auf."[1]

Auch hier sollte man vorsichtig sein mit Überpauschalisierungen und Kindheiten unterer Schichten nicht generell stigmatisieren. Denn es gibt auch Kinder aus wohlhabenden Familien mit formal hohem Bildungsstand, die, was die Zuwendung ihrer Eltern angeht, vernachlässigt und psychisch verwahrlost sind oder die nach dem Prinzip des „intensive mothering"[2] „umfassend besetzt" sind mit neurotischen Ansprüchen ihrer Eltern. Und „auch in der untersten Schicht beziehen über 60 Prozent der Kinder keine Ohrfeigen oder gar Prügel, während immerhin zehn Prozent der Kinder aus der höchsten Schicht solche beziehen."[3]

In welcher schichtabhängigen Weise auch immer Jugendliche von ihrer Lebensumwelt mangelnde Wertschätzung erfahren: Solche negativen Erfahrungen können sich – wie neueste genetische Forschungen über die sozialen Einprägungen ins Erbgut verstärkt nahelegen[4] – mit späteren widrigen Lebenserfahrungen biografisch aufsummieren und sich so traumatisch auf die Seele von Kindern und Jugendlichen niederschlagen, dass daraus ständig neue Teufelskreise von wechselseitiger aggressiver Fremdentwertung und persönlicher Selbstentwertung weiterwu-

---

1 *Betty Hart/Todd R. Risley:* Meaningful Differences in the Everyday Experience of Young American Children, Baltimore 1995, zit. in: Doris Bühler-Niederberger: Ungleiche Kindheiten – alte und neue Disparitäten, in: Aus Politik und Zeitgeschichte 59 (17/2009), 3-8, hier 6. Ähnlich die Ergebnisse für Deutschland: *Klaus Hurrelmann/Sabine Andresen:* Kinder in Deutschland. 1. World Vision Studie, Berlin 2007.

2 *Sharon Hays:* The Cultural Contradictions of Motherhood, New Haven 1996.

3 Doris Bühler-Niederberger, a.a.O. 7.

4 *Katrin Blawat:* Flucht der frühen Prägung. Was ein Mensch erlebt, spiegelt sich in seinem Erbgut wider, in: Süddeutsche Zeitung, 9.11.2009, 1.

chern. Die Erfahrung mit Armen, die solche Traumata fehlender Wertschätzung mit sich herumtragen, zeigt, dass diese Traumata die – oben besprochenen – Exklusionen verstärken. Wer von vorneherein damit rechnet, dass die Angestellten im Sozial- oder Jugendamt „mir nur Knüppel vor die Füße werfen wollen", wird – je nach psychischer Struktur – entweder bei jeder kleinsten wahrgenommenen Nachlässigkeit der Amtsperson Klage (u.U. mit Rechtsanwalt) einreichen oder das eigene berechtigte Anliegen nach dem ersten Fehlversuch verschüchtert aufgeben.

(4) Auf dem Hintergrund des bei benachteiligten Jugendlichen oftmals schwachen Selbstwertgefühls wird eine weitere Dimension heutiger Jugendnot verständlich, die ich mit den Kategorien „Verführung, Entfremdung, Sucht und Gewalt" benenne.

Wie erwähnt, gibt es ein ungebrochenes kommerzielles Interesse der Wirtschaft daran, mit Hilfe der beiden Jahrtausende alten „Erlösungsverheißungen" Besitz und Sexualität, Jugend zu binden. So lange, forciert durch bewusste Reizstimulierung – wir nennen dies verharmlosend „Werbung" – ,die Abschöpfung von Konsumenten möglich ist, bis hinein, dass sie Schulden machen, gibt es, von der Konsumseite aus betrachtet, keine „Überflüssigen". Gewinnmaximierer versuchen mit allen Jugendlichen Geschäfte zu machen, denen man Geld aus der Tasche ziehen oder vom Konto abbuchen kann oder die es sich von Freunden leihen müssen – und die Wirtschaft nutzt dazu die modernsten Techniken, auch die des betörenden Musik- und Farbendesigns, des Handys und des Internets mit allen ihren Anwendungen. Ein Blick in die Jugendzeitschriften „Bravo", „Yeah" oder „Picture Star" oder die Beobachtung der Praktiken von Avantgarde-Firmen wie Coca-Cola und McDonalds zeigt, wie das geht. Die auf Jugendliche hin orientierten Unternehmen heben ihre Produkte oder die Personen, die sie vermarkten, mit greller Aufmerksamkeit hervor und verknüpfen diese Produkte & Personen mit aktuell attraktiven Symbolen und Sensationen, z.B. an Marktplätzen, hippen Freizeiteinrichtungen oder in Internet-Umgebungen, wo sich viele junge Leute aufhalten. Was „muss" man heute haben, um „in" zu sein? Vielleicht die „New Era

Caps" aus „Hiphop Special" oder die funkelnden Pailletten, die „jeden Look pimpen"[1]. Dies alles ist mit sexuellen Reizen aufgeladen – denken Sie an die „lecker Babes", welche als Beiwerk die düsteren Hiphop-Superstars aufhellen[2] oder an die systematisch zum internationalen Mädchenstar aufgebaute Miley Cyrus[3].

Wie bei McDonalds oder in der Klamottenwerbung sichtbar, geht es dem Kommerz darum, unter der verführerischen Symbolik von „Wertschätzung" (der junge Kunde bekommt eine Krone aufgesetzt), „Freiheit", „Zugehörigkeit" und „Identität" das Bewusstsein der Kinder und Jugendlichen möglichst nachhaltig zu „besetzen". Die subtil vermittelte Botschaft lautet: „Du bist ‚in' mit dem, was du bei mir kaufst." Personen, denen die Zusage Gottes gilt: „Du bist in meinen Augen kostbar und wertvoll" (Jes 43,4), werden somit letztlich zu sachhaft veräußerlichten Wesen umformatiert, die verinnerlicht haben: „Was an mir wertvoll ist, ist mein Outfit". „Super an mir ist, dass ich Fan dieses Stars oder jener Mannschaft bin." Symbolisch lässt sich diese Identitätskonversion beobachten an jungen Fußballfans, deren Körper völlig verdeckt ist mit Schals, Tüchern, Hut und Gesichtsfarben ihrer Lieblingsmannschaft. Zugespitzt gesagt, geschieht in der Wirtschaftssklavenhaltergesellschaft eine Aushöhlung des In-Fits, d.h. der personalen Substanz, durch eine Reduzierung auf das Outfit. Der evangelische Theologe Friedrich Wilhelm Graf spricht vom „Selbstbild-Zwang"[4], dem es zu widerstehen gelte. Die verführerische Kommerzialisierung hat also nicht nur unwiederbringliche Kompetenzverluste (z.B. beim Kochen oder Nähen) zur Folge, sondern auch Entfremdungseffekte, die mir – so meine Hypothese – um so stärker zu sein scheinen, je niedriger der Bildungsgrad und soziale Status der Jugendlichen ist.

---

1   *Yeah! von Bravo*, Nr. 12/2009, 45.

2   Bravo, Hiphop Special, Oktober 2009, 31.

3   Siehe die ihr gewidmete Zeitschrift „Picture Star" 9/2009.

4   *Friedrich Wilhelm Graf:* Missbrauchte Götter. Zum Menschenbilderstreit in der Moderne, München 2009.

Die vom Arbeitsmarkt nicht Benötigten müssen politisch „fried-lich" gehalten werden. Damit sie aufgrund ihres Frustes nicht zu systemgefährdenden Revolutionären werden, müssen sie, wie schon die Unterschichten der alten Römer, mit „panem et circen-ses", mit Brot und Zirkusspielen, sprich Kulturindustrie, einge-lullt und mit Ersatz-Paradiesen ruhiggestellt werden.

Diese wirtschaftlich inszenierte Verführung wird „verlängert" und verstärkt durch eine Art Verführung, ja „Hörigkeit" auf-grund der Szene- bzw. Gruppenzugehörigkeit von Jugendlichen. Hermann Steinkamp hat 1998 die Frage aufgeworfen, „warum heutige Menschen (nicht nur Jugendliche!) über das offenkundi-ge Bedürfnis nach Zugehörigkeit in diesem Ausmaß manipulier-bar sind."[1] Wie die fatalen, kommerzielle Muster verfestigenden Mechanismen von Peer-Zugehörigkeit funktionieren, zeigt eine wahre Geschichte der beiden damals zwölfjährigen Zwillings-söhne unserer Institutssekretärin: Aus dem Italienurlaub hatten sie zwei T-Shirts von Bayern-München mitgebracht und zogen diese gleich am ersten Schultag an. Begeistert kommen sie von der Schule nach Hause und erzählen, wie toll ihre Mitschüler diese Bayern-T-Shirts fanden. Am zweiten Tag, wieder im Bay-ern-T-Shirt, kehren sie verweint und völlig aufgelöst nach Hause zurück. Was war passiert? Die Mitschüler hatten sie lächerlich gemacht und gehänselt, weil das ja keine Original-Bayern-T-Shirts, sondern billige Imitate seien. Wer als Jugendlicher keinen demgegenüber kritischen Gegenhorizont im Elternhaus oder in der Jugendarbeit hat – Personen, die ihm oder ihr den Rücken stärken und das Selbstwertgefühl outfit-unabhängig aufbauen –, wird sich dem Gruppen- und Wirtschaftsdiktat widerstandslos unterordnen, um „in" und damit äußerlich wertgeschätzt zu sein.

Körperlich und seelisch grausamer als das genannte Beispiel sind freilich die Vorkommnisse, die unter dem Label „Bullying", also als fortgesetztes aggressives Mobbying, firmieren. Nach dem 13.

---

[1] *Hermann Steinkamp:* Zuge-„Hörigkeit" – Gedanken zu einer verführeri-schen Kategorie", in: H. Amann/G. Kruip/M. Lechner (Hg.): Kundschaf-ter des Volkes Gottes. Festschrift für P. Roman Bleistein SJ zum 70. Ge-burtstag, München 1998, 94-103, hier 99.

Kinder- und Jugendbericht der Bundesregierung werden etwa fünf Prozent (ca. 250.000) der (wohl 11- bis 16-jährigen; M.H.) Schülerinnen und Schüler „regelmäßig Opfer dieser Form des aggressiven Verhaltens." Neu ist das so genannte „Cyberbullying, d.h. die absichtliche und feindselige Verbreitung aggressiver Inhalte mittels Mobiltelefon und Internet."[1]

Verführung hat neben der kommerziellen und gruppenbezogenen Komponente weitere Steigerungspotenziale parat. Eine erste Steigerung ist die hinein in den Rausch und in die Drogen. Nach Angaben des 13. Kinder- und Jugendberichts ist Alkohol „auch unter Heranwachsenden die am weitesten verbreitete psychoaktive Substanz". „Ein riskantes Alkoholverhalten (Konsum von fünf Gläsern oder mehr (...) eines alkoholischen Getränks an einem Tag in den vergangenen 30 Tagen, ,bingedrinking' bzw. ,Komasaufen') weisen etwa 20 bis 25 Prozent der 12- bis 17-Jährigen auf"[2]. Wohl wegen ihrer stärkeren Familien- und kulturell-religiösen Herkunftsbindung trinken „nur 17,9 Prozent der Jugendlichen mit beidseitigem Migrationshintergrund regelmäßig Alkohol", jedoch „40,8 Prozent der Jugendlichen ohne Migrationserfahrung"[3]. „Regelmäßiger Konsum" von Cannabis-Produkten (z.B. Haschisch) wird nach dem Kinder- und Jugendbericht von 3,6 Prozent der 12- bis 18-jährigen Jungen und von einem Prozent der 12- bis 18-jährigen Mädchen praktiziert. Bis zu knapp einem Drittel der Schüler berichten, z.B. als 17-Jährige, jemals Cannabis-Produkte geraucht zu haben, wobei hier Unterschiede des Sozialstatus, des Migrationshintergrundes oder der Wohnregion marginal sind.[4]

Zu einem, zeitlich gesehen, eher stagnierenden Konsum von Alkohol und Drogen kontrastieren nach Angaben des 13. Kinder-

---

1   *Bundesministerium für Familie, Senioren, Frauen und Jugend:* Bericht über die Lebenssituation junger Menschen und die Leistungen der Kinder- und Jugendhilfe in Deutschland. 13. Kinder- und Jugendbericht, Berlin 2009, 129.

2   Ebd. 125.

3   Ebd. 127.

4   Ebd. 127 f.

und Jugendberichts „riskante Gebrauchsmuster in bestimmten Gruppen", z.B. das mancherorts zum Ritual gewordene „Komasaufen". Was will, wer viel säuft oder kifft? Bloß „angeben" oder vielmehr vergessen, auslöschen und aussteigen aus einer schwer erträglichen, im Grunde nicht lebenswerten Alltagswelt? Alkohol und Drogen, auch die Internet-Sucht – 14.300 15-Jährige gelten nach einer Studie des Kriminologischen Instituts Niedersachsen bundesweit als computersüchtig, Tendenz steigend[1] – sind demzufolge ein ernstzunehmender Indikator heutiger Jugendnot.

Die zerstörerischste Form von Verführung und Gewalt ist der sexuelle Missbrauch von Kindern und Jugendlichen, in der Regel durch ihnen nahestehende Personen. Mit Rückgriff auf eine Veröffentlichung von Anette Engfer[2] aus dem Jahr 2005 gibt der 13. Kinder- und Jugendbericht der Bundesregierung die Häufigkeit von sexuellem Missbrauch mit dem sehr hohen Prozentsatz von 73 Prozent bei Kindern im Alter von 5-14 Jahren und von 19 Prozent bei Jugendlichen über 14 Jahren an.[3] Laut internationalen Studien sind weibliche Opfer mit einer 1,5- bis 3-mal höheren Rate betroffen als männliche und geistig Behinderte nochmals in weit höherem Maß. Nach zwei Längsschnittstudien lassen sich

---

[1] *Katrin Hummel:* Wenn das echte Leben aufs Spiel gesetzt wird, FAZ, 3.11.2009, 4.

[2] *Anette Engfer:* Formen der Misshandlung von Kindern – Definition, Häufigkeiten, Erklärungsansätze, in: U. T. Egle/S.-O. Hoffmann/P. Joraschky (Hg.): Sexueller Missbrauch, Misshandlung, Vernachlässigung. Erkennung, Therapie und Prävention der Folgen früher Stresserfahrungen, Stuttgart 2005, 3-19.

[3] *Bundesministerium für Familie, Senioren, Frauen und Jugend:* Bericht über die Lebenssituation junger Menschen und die Leistungen der Kinder- und Jugendhilfe in Deutschland. 13. Kinder und Jugendbericht, Berlin 2009, 130; Monika Deitmaring und Günther Schatz: Mehrdimensionale Präventionsarbeit für Mädchen und Jungen in einer ländlichen Region zum Problembereich „Sexueller Missbrauch", (Ms.) Benediktbeuern 1999, 5 f., verweisen auf das Fehlen verlässlicher Zahlen über das Ausmaß von sexuellem Missbrauch und zitieren aus der Dungelfeldstudie von Dirk Bange: Die dunkle Seite der Kindheit. Sexueller Missbrauch an Mädchen und Jungen. Ausmaß, Hintergründe, Folgen, Köln 1992. Dieser Studie zufolge werden „in der Bundesrepublik etwa jedes 4. Mädchen und jeder 12. Junge sexuell missbraucht".

vor allem zwei Risikofaktoren dafür anführen, dass Kinder und Jugendliche in besonderem Maß Opfer sexuellen Missbrauchs werden: „eine geringe Fürsorge für das Kind sowie wenig emotionale Unterstützung durch die Mutter".[1]

Sexueller Missbrauch kann im Einzelfall je nach Situation und Personen gewiss unterschiedlich „bewältigt" werden. Jedoch zeigt die seelsorgliche Erfahrung, dass er in aller Regel katastrophale Folgen nach sich zieht, was das Selbstwertgefühl, das soziale Vertrauen, die Kommunikationsweise und die Wahrnehmung von Lebenschancen angeht. Sexueller Missbrauch ist, wie wenn Gift in die Wurzel einer wunderschön blühenden Pflanze gespritzt wird, mit der Folge, dass die Pflanze Missbildungen bekommt oder verwelkt und vertrocknet.

3. Zusammenfassende Deutung der wahrgenommenen Jugendnot

Ich beschränke mich in meinem Urteil über das Referierte auf vier Punkte:

(1) Es wäre noch zu leisten, heutige Jugendnot unter der Zentralperspektive der lebensweltlichen Bewältigung systematisch zu konzeptualisieren: „Jugendliche müssen Jugend bewältigen"[2]. Ich will dazu nur kurze Anstöße zum Weiterdenken geben: Was sind, erstens, die spezifischen „Bewältigungsaufgaben" heutiger Jugendlicher?[3] Ein Münchner Jugendsozialarbeiter beantwortete im November 2009 diese Frage so: Die Jugendlichen müssten

---

[1]   Ebd.

[2]   *Richard Münchmeier:* Kindheit und Jugend im Wandel. Hintergrundpapier zur Tagung „Entwicklung eines Rahmenkonzeptes der Kinder- und Jugendarbeit", München (Feierwerk), 30. April 2009, 5. Darin befinden sich weitere konzeptionelle Hinweise zur Beantwortung dieser Frage.

[3]   Vgl. *Lothar Böhnisch:* Sozialpädagogik der Lebensalter. Eine Einführung, Weinheim/München ⁴2005; *Wolfgang Schröer:* Befreiung aus dem Moratorium. Zur Entgrenzung von Jugend, in: K. Lenz/W. Schröer, W. Schefold (Hg.): Entgrenzte Lebensbewältigung, Weinheim/München 2004, 19-74; beide zit. in: Richard Münchmeier, a.a.O. 5.

bewältigen, dass ihnen einerseits so viele Optionen offen stünden wie niemals den Jugendlichen vor ihnen – bis hin zum Verblassen aller Normalitätsstandards und zur Vorgaukelung all dessen, was angeblich möglich und attraktiv ist. Andererseits reguliere und regiere diese Gesellschaft so massiv in diese augenscheinlichen Freiräume hinein, dass sie wie Seifenblasen platzten. Mechanismen dieser Optionsschließung und dieses Hineinregulierens seien die einseitige Schulauslese, der Mangel an Ausbildungs- und Arbeitsplätzen, die gesellschaftliche Mit-Produktion scheiternder Elternbeziehungen, die rigide Aufrechterhaltung der „öffentlichen Ordnung" durch die Polizei und das generelle Beschränken jugendlicher Freiräume.

Weitergehend wäre zu fragen: Was sind denn die Bewältigungsstrategien von Jugendlichen heute und wie können sie gefördert werden?[1]

(2) Angesichts der Dramatik und Vielschichtigkeit heutiger Jugendnot habe ich den Eindruck, als sei sie weithin unsichtbar für die breite Öffentlichkeit, für die politisch Verantwortlichen, ja auch im wissenschaftlichen Diskurs. Zwar erregen Skandale mit Beteiligung von Jugendlichen – Mord an der S-Bahn, Geiselnahmen und Tötungen im Schulhof – die Medien. Auch gelingt es den Fachvertreter(inne)n und Fachverbänden der Jugendsozialarbeit gut, auf fachlich hohem Niveau und mit politischer Stoßrichtung Jugendnot zu diskutieren, aber doch meist, so mein Eindruck, in geschlossenen Fachzirkeln. Zudem gibt es mittlerweile eine hohe öffentliche Sensibilität für viele soziale Probleme von Kindern, namentlich was Bildung, Gesundheit und Armut angeht. Aber in der soziologischen Ausgrenzungs- und Exklusionsdebatte rangieren Analysen der Ausgrenzung von Jugendlichen weitgehend unter „ferner liefen".

Betrachten wir mit Hilfe der Kategorien des französischen Soziologen Pierre Bourdieu[2] das „Feld der Jugendsozialarbeit" im Zusammenhang mit dem „Feld der Macht" und dem „sozialen Raum" insgesamt, dann zeigt sich, dass ein Kampf um die „richtige Beschäftigung mit Jugend" im Gange ist. Als dominanter – 75 Prozent der 15- bis 20-Jährigen gehen zur Schule bzw. Universität[3] - und im gängigen Verständnis „orthodoxer" bzw. legitimer Akteure (mit dem einzigen anerkannten „kulturellen", also „symbolischen Kapital" guter Schulabschlüsse) gelten die Schulen. Über dieses „schulische Feld" bestimmt das „politische Feld", und mit dem „schulischen Feld" sind die Eltern schichtabhängig (siehe oben) mehr oder weniger stark verbündet. Zutritt zum „Feld der Jugendbeschäftigung" verschafft sich auch die gewinnorientierte Wirtschaft, die ihre so genannten „Dienstleistungen" und Produkte (z.B. Computerspiele) entweder als bildungsförderlich ausgibt oder als erholsame, „paradiesische Gegenwelten" attraktiv macht. Das wissenschaftliche und das politische Feld zweigen Ressourcen vom Jugendfeld in die – genetisch gesehen, „wirkungsvollere" – kindliche Frühförderung ab.

Wie groß ist die „Spiel- und Kampfstärke" des Akteurs „Jugendsozialarbeit"? Seine Wichtigkeit wird zwar in Sonntagsreden nach so genannten „Monster-Jugend"-Episoden beschworen, und er gewinnt in Teilbereichen etwas mehr Ressourcen, allerdings im fremdbestimmten Rahmen auszubauender Ganztagsschulen. Im entscheidenden Kampf freilich um „legitime" Bildung gilt Jugendsozialarbeit bislang als „heterodoxer" bzw. „illegitimer" Außenseiter, der den Gemeinwohl-Nutzen seiner Kapitalsorte „non-formale und informelle Bildung" nicht hinreichend deutlich

---

1   *Bernhard Grom:* Religionspädagogische Psychologie, Düsseldorf [5]2000, 170-176; *Inge Seiffke-Krenke/Arnold Lohaus:* Stress und Stressbewältigung im Kindes- und Jugendalter, Göttingen 2007.

2   *Pierre Bourdieu:* Praktische Vernunft. Zur Theorie des Handelns, Frankfurt 1998; *ders.:* Der Staatsadel, Konstanz 2004; *Cornelia Bohn/Alois Hahn:* Pierre Bourdieu (1930-2002), in: D. Kaesler (Hg.): Klassiker der Soziologie Bd. 2, Von Talcott Parsons bis Anthony Giddens, München [5]2007, 289-311; *André Kieserling:* Felder und Klassen. Pierre Bourdieus Theorie der modernen Gesellschaft, in: Zeitschrift für Soziologie 37 (2008), 3-24.

3   *Richard Münchmeier:* Kindheit und Jugend im Wandel. Hintergrundpapier zur Tagung „Entwicklung eines Rahmenkonzeptes der Kinder- und Jugendarbeit", München (Feierwerk), 30. April 2009, 9.

als bildungsnützlich in der politischen Öffentlichkeit legitimieren kann – trotz wissenschaftlicher Expertise[1] und trotz der gestiegenen de-facto-Bedeutung von Jugendsozialarbeit in der heutigen Lebenswelt von Kindern und Jugendlichen. Wenn diese in der Regel in Kleinfamilien oft ohne Geschwister aufwachsen „in einer familiären Kommunikationskultur (...), die von ihren Eltern dominiert wird, in der das Kind die an Kinder gerichteten Wünsche und Erwartungen der Eltern alleine zu erfüllen hat", brauchen sie, gerade in Konfliktfällen Gleichaltrigenkontakte außerhalb der Familie und alternative Vater- und Mutterfiguren als Entlastung und Unterstützung.[2] Zweitens nimmt „der Bedarf nach ‚Wildsein', nach ‚Undiszipliniertsein', lustvoll ‚Über-die Stränge-Schlagen', ‚Sich-Austoben'" zu, „je früher die Leistungen der Selbstdisziplinierung abverlangt werden"[3] und je pädagogisch unangemessener das dominante System Schule agiert. Nach Einschätzung eines Münchner Jugendarbeiters versagen 80 Prozent der Schullehrkräfte pädagogisch, ja sie verstünden oft nicht einmal die heutige Jugendsprache und Jugendkultur. Es gibt also hinreichende Gründe, aus Sicht der Jugendsozialarbeit die Defizite des formalen Bildungssystems Schule öffentlichwirksam zu kritisieren und ihm seine weithin überschätzte „Legitimität" abzusprechen.

(3) Ich halte die u.a. von Heinz Bude[4] öffentlich gemachte und von Leitfiguren der Jugendsozialarbeit[5] übernommene Kategorisierung der vom Arbeitsmarkt nicht Benötigten, auch der nicht benötigten jungen Menschen, als „Überflüssige" für problematisch. Einen Gegeneinwand habe ich bereits genannt. In ihrer Rolle als

---

[1]   Vgl. die Literaturhinweise in *Münchmeier*, a.a.O., und *Andreas Belle*: Bildung und Jugendsozialarbeit, Düsseldorf 2006.

[2]   *Münchmeier*, a.a.O. 2.

[3]   Ebd. 4.

[4]   *Heinz Bude*: Die Klasse der Überflüssigen, in: Transit 37 (Sommer 2009) 87-94; *H. Bude/A. Willisch (Hg.)*: Exklusion. Die Debatte über die „Überflüssigen, Frankfurt am Main 2008; *H. Bude/A. Willisch*: Das Problem der Exklusion. Ausgegrenzte, Entbehrliche, Überflüssige, Hamburg 2006.

[5]   *Franz-Ulrich Otto*: Jugendarmut und soziale Ausgrenzung der Jugend – ein Zustands- und Perspektiv-Bericht, Düsseldorf o.J., 7, 32 und 34.

Konsumenten und potenzielle gesellschaftliche Ruhestörer werden die vom Arbeitsmarkt „Ausgeschlossenen" keineswegs als überflüssig behandelt. Praktiker der Jugendsozialarbeit berichten, dass die Polizei jede auch noch so geringfügige Regelverletzung von Jugendlichen im öffentlichen Raum, z.B. an der Haltestelle oder beim Graffiti-Malen, restriktiv ahnde. Mein Hauptargument gegen die Rede von den so genannten „Überflüssigen" ist aber ein anderes: Wer oder was ist denn überflüssig? Überflüssig sind doch nicht Menschen (sie sind „kostbar und wertvoll" in Gottes Augen; vgl. Jesaja 43,4), nein, überflüssig ist ein von der Gesellschaft fahrlässig toleriertes Wirtschaftssystem, das es nicht schafft, human und gesellschaftlich notwendige Arbeit in Form bezahlbarer Arbeitsplätze zu organisieren.

Um diese Reflexion auf die Spitze zu treiben: Die Existenz vieler wirtschaftlich nicht Benötigter sprengt die Totalität einer sich selbst als „erfolgreich" ausgebenden Wirtschaftssklavenhaltergesellschaft. Die Arbeitsgesellschaft entlässt einen Teil ihrer Kinder und kann sie nicht mehr über Arbeitsrollen definieren, somit offenbart sich eine Herrschaftslücke des real existierenden Kapitalismus. Positiv gewendet, tut sich damit ein zunächst nur denkerischer und motivationaler Freiraum auf, jenseits bisheriger Organisationsformen mit neuen Formen des Lebens und Arbeitens für Jugendliche zu experimentieren. Ich verweise auf Modellprojekte der Manege e.V. in Berlin und auf Ausbildungshotels für schwer vermittelbare Jugendliche.

(4) In diesem arbeitsgesellschaftlichen Zusammenhang ist mir der Reflexionsrahmen aktueller Konzeptionen von Jugendsozialarbeit trotz aller soziologischen Wachheit zu sehr auf eine national verstandene Kategorie der Industriegesellschaft bezogen. Mir scheint, dass der konstruktive Blick auf neuere Konzepte der Dienstleistungs-, Wissens- und Informationsgesellschaft helfen könnte, auch die darin liegenden Chancen für neue Beschäftigungsverhältnisse, z.B. im Gesundheits-, Wellness-, Bildungs-, Computer- oder Hausmeisterbereich, besser zu sichten. Die Rezeption global denkender Autoren, wie z.B. Manuel Castells, Richard Sennett, Saskia Sassen oder Joseph Stiglitz und von Exper-

ten der internationalen Jugendsozialarbeit, könnte, so hoffe ich, dazu beitragen, die globale Mit-Verursachung namentlich der ökonomischen und sozialstaatlichen Problemhintergründe heutiger Jugendnot auszuleuchten – und damit die individualisierte Zuschreibung des Scheiterns auf Individuen zu mildern – sowie globale best practices der Jugendsozialarbeit nutzbar zu machen.

(5) Es gibt und es entstehen zwar neuere Ansätze, Spiritualität und Religion im Kontext der Jugendsozialarbeit neu zur Geltung zu bringen[1], mein genereller Eindruck ist allerdings, dass es an einer konzeptionellen Reflexion und Einbindung der Religion in die Jugendsozialarbeit mangelt. Dazu will ich im Folgenden einige Anregungen geben.

4. Vom Trost des „Aufwinds" – Religion in der Jugendsozialarbeit

4.1   Ich fragte einen Münchner Jugendsozialarbeiter nach der Rolle der Religion in seiner Jugendfreizeitstätte. Er gab mir zur Antwort: Religion heißt für uns, dass wir jeder Person, die zu uns kommt – unabhängig von ihrem sozialen oder religiösen Hintergrund – mit Respekt begegnen und dass wir darauf hinarbeiten, dass die Jugendlichen untereinander selbst respektvolle Beziehungen haben, gerade auch zwischen Jungen und Mädchen. Ja, ich will das so stehen lassen: Religion heißt Respekt und Wertschätzung allen Menschen gegenüber – egal, welcher Herkunft oder Religion sie sind.

4.2   Einen zweiten Zugang zu Religion will ich eröffnen mit Blick auf die für die gesamte Bibel zentrale Berufung des Mose am brennenden Dornbusch (Ex 2,23-4,17). Drei Aspekte sind für unseren Zusammenhang bedeutsam:

(1) An einem unwirtlichen Ort, jenseits der „Steppe" in einem abweisenden, unansehnlichen Dornbusch (Ex 3,2) wird Mose der

---

1   *M. Lechner/A. Gabriel (Hg.):* Religionssensible Erziehung, München 2009; *Margarete Kühn:* Bericht auf der Grundlage empirisch belastbarer Daten aus dreijähriger Projektarbeit der Manege gGmbH, Berlin o.J., (Ms.) 65-69.

unsichtbaren Anwesenheit Gottes gewahr. Auch in unkonventionellen, ausgeflippten, sich ästhetisch ätzend präsentierenden, ja verwahrlosten Jugendlichen an den Peripherien von Chemnitz, Berlin, Köln und anderswo kann sich das Geheimnis des HERRN als des „Ich bin da" offenbaren.

(2) Das bleibende Geheimnis, GOTT, offenbart sich überraschend im Herzen, das „brennt" (Ex 3,2), weil es das „Stöhnen" und „Schreien" der Benachteiligten und Ausgegrenzten gehört hat (Ex 2,23). „Ich habe das Elend" meiner Jugendlichen „gesehen und ihre laute Klage über ihre Antreiber habe ich gehört" (Ex 3,7). Während Mittel- und Oberschichten ihre mutmaßlichen Beeinträchtigungen lautstark artikulieren, bleibt das Leiden und Stöhnen formal wenig gebildeter „Unterschichtler" meist verhalten oder verdrängt und offenbart sich nur denjenigen, die diesen Jugendlichen ihr Herz in geduldiger Beziehungsarbeit geöffnet haben, so dass Vertrautheit, „Familiarität" gewachsen ist – bei einer Johannes Bosco[1] zentralen Kategorie. Ja, es gilt, die „Schuhe" der schnellen Vorurteile, der pauschalisierenden Besserwisserei abzulegen und „mit nackten Sohlen", barfuß auf dem schmutzigen und dornenreichen Gelände der Jugendarbeit im Stöhnen der Jugendlichen den selbst anwesenden HERRN zu vernehmen.

(3) GOTT will nicht den Status-Quo der Entfremdung und Ausgrenzung beibehalten, sondern will seine Jugendlichen daraus befreien, und er tut dies auf eine besondere Weise: Befreier ist nämlich nicht einfach der Mensch, der wie eine Säule auf seinen Schultern die ganze Last der Jugendnot alleine zu tragen meint. Gewiss braucht GOTT Menschen für sein Befreiungsgeschehen, ER handelt durch Menschen wie z.B. Mose und Jugendarbeiter/-innen heute. Aber die Weise von GOTTES Befreiungsgeschehen ist besonders. Es beginnt mit dem Wahrnehmen der stöhnenden Menschen, welches als eine Gotteserkenntnis hindurch-geschaut werden will, es setzt sich fort mit einer Verwandlung der zur Befreiung Gerufenen und macht sie furchtlos und kühn, so dass sie

---

[1] Siehe seinen „Rombrief" V, 180-229, in: *R. Gesing (Hg.): „Mit der Liebe!"* Der „Rombrief" Don Boscos und seine Bedeutung für die Pädagogik und Jugendpastoral heute, München 2009, 22 f.

bis ins Herz des Ausbeutersystems („zum Pharao" selbst, Ex 3, 10) vordringen. Es ist unter menschlicher Mitwirkung Gott selbst, der das Geschehen der Befreiung durch seine Wunder (Ex 3,21) gelingen lässt. Diese oft kleinen, mitunter unspektakulären Wunder der Verwandlung und Befreiung gilt es zu würdigen, bei uns selbst wie bei den uns anvertrauten Jugendlichen.

4.3 Was hat Jugendsozialarbeit mit Jesus zu tun? Dem jugendarbeiterischen Paradigma der „lebensweltlichen Bewältigung" entsprechend will ich die Frage so stellen: Inwieweit kann unser Bezug zu Jesus dabei helfen, Leben zu bewältigen?

Jesu öffentliches Wirken steht unter einer unbedingten, unwandelbaren Liebeszusage: „Du bist wertvoll und kostbar in meinen Augen" (Jes 43,4). Denn Jesus geht in seiner Taufe am Jordan auf, wie GOTT ihn zärtlich mag: „Du bist mein geliebter Sohn, an dir habe ich Gefallen gefunden" (Mk 1,11).

Kraft dieser inneren Liebesbeziehung mit seinem Vater wird Jesus aufmerksam auf Menschen, die ungeliebt am Rand stehen und aus der herrschenden Ordnung ausgegrenzt sind. Zum Beispiel sieht er eine Frau, die seit 18 Jahren, sozusagen hoffnungslos „verkrümmt" ist und nicht mehr aufrecht gehen kann. Er ruft sie zu sich, berührt sie, legt ihr die Hände auf den Rücken und heilt sie mit dem Zuspruch: „Frau, sei von deinem Leiden befreit!" (Lk 13,10-17). Beim Beten am Sabbat stößt er auf einen Mann, dessen Hand, wie die Schrift sagt, „verdorrt", d.h. durchsetzungsschwach, handlungsunfähig, war. Diesen Mann mit der verdorrten Hand ruft Jesus vom Rand weg in die Mitte: „Steh auf und stell dich in die Mitte!" Und mit einem kräftigen Machtwort: „Streck deine Hand aus!" verhilft er ihm zu neuer Handlungsfähigkeit und Lebendigkeit (Mk 3,1-6).

In beide Heilungen Jesu spielt etwas hinein, das heutige Jugendliche ständig erleben: Die Ordnungsmacht, damals das religiöse Establishment, lauert ihm auf, sucht einen Grund zur Anklage gegen ihn (Mk 3,3), und interveniert ständig angesichts des unkonventionellen Befreiungshandelns Jesu. Der Umgang mit Konflikten, mit dem ständigen Vorwurf, er übertrete die Gesetze, gehört vom Anfang bis zum Ende des Evangeliums zur „Bewältigungsaufgabe" Jesu. Und Jesus weicht diesem Konflikt nicht aus. Ausgerechnet am Sabbat heilt er die verkrümmte Frau und den Mann mit der verdorrten Hand! Und was tun seine Gegner nach der Heilung dieses Mannes? Sie gehen hinaus und fassen gemeinsam den Beschluss, Jesus umzubringen – bereits im dritten Kapitel des Markus-Evangeliums (Mk 3,6). Im Bemühen, den Ungeliebten und Ausgeschlossenen zu helfen, gerät Jesus ständig in Reibereien und Auseinandersetzungen. Seine eigene Familie hält ihn für verrückt (Mk 3,21), seine Jünger kapieren ihn nicht (Mk 8,32), „murren" über ihn (Joh 6,61) und lassen ihn schließlich im Stich (Mk 14,50-52). Jesu Gegner bemächtigen sich seiner mit Hilfe eines Verrats (Mk 14,43-46), machen ihm mit falschen Anklagen den Prozess und bringen ihn grausam zu Tode (Mk 14,53-15,37).

Was heißt da „Bewältigungshandeln" Jesu? Jesus geht aufrecht und aufrichtig seinen Weg, ohne sich konfliktscheu zu verbiegen. Er begegnet der erfahrenen Lieblosigkeit und Bitternis mit unwandelbarer Güte. Das ist wohl das größte Coping-Verhalten Jesu. Der Ausgrenzung, der Bitterkeit, dem Verlassensein, ja dem Tod selbst nicht mit Aggression oder Gegengewalt zu begegnen, sondern in liebender Annahme, ja sogar Hingabe für andere: „Dies ist mein Leib für euch" (1 Kor 11,24; vgl. Lk 14,19).

Wie bewältigt Jesus das alles? Jesus bewältigt sein Schicksal kraft der inneren Liebesbeziehung zu seinem Vater, zu dem er immer wieder betet (Lk 3,21; 9,18,29; 11,1), zu dem er im Gebet klagt und mit dem er betend ringt (Mk 32-42), dem er sich schließlich überlässt (Mk 14,36; Lk 23,46). Jesus fühlt sich, so können wir sagen, trotz allem und in allem von der Wirklichkeit Gottes umarmt.

4.4 Was heißt dieses Bewältigungshandeln Jesu für uns, zumal in der Jugendsozialarbeit? Jesus ist nicht nur unser Vorbild – worauf die 68er Frömmigkeit Jesus oft verkürzte. Nein, wir haben Zugang zum Leben Jesu, genauer: zu seiner innigen Beziehung zum Vater, und dieses Hineingenommenwerden in Jesu Liebesbeziehung geschieht im Heiligen Geist. Denn, so sagt die Bibel: Gott ist Geist (Joh 4,24). Der Geist ist es, der lebendig macht (Joh 6,46). Niemand kann „sagen Jesus ist der Herr", außer im Heiligen Geist (1 Kor 12,3).

Wir sind also auf dem Weg

- „in deum": hinein in Gott, das bleibende Geheimnis und in seine bleibende Wertschätzung, die von sozialen Bedingungen und unserer Moral letztlich unabhängig (Joh 8,1-10) ist;

- „cum Christo": zusammen mit Jesus Christus als seine Gefährtinnen und Gefährten, die in sein Lebensmodell hinein verwandelt werden, und die, sozusagen, „aus seiner Position heraus", „in ihm" zum Vater beten und Frucht für die Menschheit bringen. „Wer in mir bleibt und in wem ich bleibe, der bringt reiche Frucht, denn getrennt von mir könnt ihr nichts vollbringen" (Joh 15,4). Fruchtbarkeit, größere Fruchtbarkeit (Joh 15,2), bleibende Fruchtbarkeit (Joh 15,15) ist unser Lebensziel und unsere Verheißung als Freunde und Freundinnen Jesu.

- „plena resignatio in vivicitate spiritus": völlige „Resignation" - im frühneuzeitlichen Latein heißt resignatio „sich überlassen, sich hineingeben" - in die Lebendigkeit des Heiligen Geistes, der bereits ausgegossen ist in unsere Herzen (Röm 5,5) und schöpferisch Leben schafft mit unserer Mitwirkung (vgl. Apg 15,28). Genau dieser Heilige Geist ist der „Aufwind", mit dem zusammen in der Einung mit dem Willen Gottes für unsere Projekte „es aufwärts geht": mit Zuversicht und kraft der Macht, die alles überwindet und die wir am auferstandenen Jesus Christus bezeugen. Der Heilige Geist ist der Aufwind, der Mutmacher und, so der Pfingsthymnus, der „Vater der Armen".

4.5 Christsein besagt also, aus der trinitarischen Fülle zu leben. Der geniale Heilige Johannes Bosco hat dies, was vielleicht ein wenig schwierig, „jesuitisch" klingt, auf eine einfache Formel gebracht und P. Reinhard Gesing hat sie seiner Veröffentlichung zum „Rombrief" Don Boscos als Titel vorangestellt: „Mit der Liebe!"[1]

---

[1]   *R. Gesing (Hg.):* „Mit der Liebe!" Der „Rombrief" Don Boscos und seine Bedeutung für die Pädagogik und Jugendpastoral heute, München 2009.

Als Jesuit lese ich dieses salesianische Motto zunächst so: mit Charme, mit Liebenswürdigkeit, mit Fröhlichkeit („Lasst die Heiligkeit in der Fröhlichkeit bestehen", so Don Bosco zu Dominikus Savio)[1], mit geduldiger Ermahnung, mit Familiarität und teilnehmender, lärmend mitspielender Anwesenheit bei den Jugendlichen sowie mit Vorrang für die „arme und verlassene Jugend"[2]. Denn er, Johannes Bosco, „fand Freude, gerade unter den Ärmsten zu sein."[3]

„Mit der Liebe" heißt vollends: gemeinsam mit Gott, verbündet und verbunden mit Gott, mit immer größerem Verlangen „in Gott", der, wie wir an Jesus sehen, „die Liebe ist" (1 Joh 4,9), zärtliche und zugleich unüberwindbar starke Liebe – Aufwind.

---

[1] *Anton Birklbauer:* Don Bosco. Ein Leben für die Jugend, München 1987, 63.
[2] Ebd. 59.
[3] Ebd. 51.

Parteiliche Jugendsozialarbeit

Konzeptionelle Neuaufstellung der Jugendsozialarbeit in Form von festen und flexiblen Hilfeleistungen – Einsichten aus einer langjährigen Beraterperspektive[*]

Wolfgang Bisler

1. Gesellschaftliche Rahmenbedingungen heutigen Jungseins

Meine erste und grundlegende These lautet: Angesichts eines Wandels der Arbeitsgesellschaft macht die sachliche und methodische Unzulänglichkeit herkömmlicher Jugendsozialarbeit und Jugendberufshilfe insbesondere sozial benachteiligte und/oder individuell beeinträchtigte Jugendliche zu Überflüssigen.

Diese meine Behauptung wird heute von prominenten Gewährsleuten, etwa von Berthold Vogel, gestützt, der formuliert:

„Gesellschaftliche Ungleichheit, die Frage nach dem Oben und dem Unten, nach dem Zentrum und der Peripherie des Sozialen ist auf die Tagesordnung der öffentlichen Rede über den Zustand und die Zukunft unseres Gemeinwesens zurückgekehrt."[1]

Wodurch ist diese Frage zurückgekehrt? Und in welcher Form wird sie gestellt? Der Hamburger Soziologe H. Bude gibt darauf eine erste Antwort:

---

[*] Vortrag, gehalten am 16. November 2009 im Rahmen eines zweitägigen Symposions aus Anlass des Abschlusses des Projektes „Aufwind" in Benediktbeuern. Gekürzte und zu Publikationszwecken überarbeitete Fassung des Perspektivpapiers „Jugendarmut und soziale Ausgrenzung der Jugend – ein Zustands- und Perspektivbericht" (September 2009), das im Auftrage des Vorsitzenden der Bundesarbeitsgemeinschaft Katholische Jugendsozialarbeit e.V. (BAG KJS e.V.) Düsseldorf, Pater Franz-Ulrich Otto (SDB), erarbeitet wurde.

[1] *Vogel, Berthold:* Die Staatsbedürftigkeit der Gesellschaft, Hamburg 2007, Vorrede (Kursivsetzung – auch der folgenden Zitate, W.B.).

„Jede Gesellschaft kennt ein Oben und ein Unten, und es lässt sich auch zeigen, dass die Spreizung der Einkommen zunimmt, der Abstand etwa zwischen dem ärmsten und dem reichsten Fünftel der Gesellschaft wächst. Das ist zwar ärgerlich, wäre aber hinnehmbar, wenn nicht gleichzeitig bestimmte Gruppen den Anschluss an den Mainstream unserer Gesellschaft verlieren würden. Das stimmt. Die soziale Frage hat sich von oben oder unten zu der von drinnen oder draußen verändert. Nicht, dass es kein Oben oder Unten mehr gibt, nur hat sich die Frage von drinnen oder draußen darübergelegt (…)."[2]

Zu konstatieren ist eine Vertiefung der Spaltung durch die Kompetenzrevolution in den normalen Tätigkeiten der dienstleistungsorientierten, wissensbasierten Ökonomie unserer Gesellschaft.

„Das Neue ergibt sich aus der Paradoxie von vermehrter Investition in Humankapital und verschärftem Ausschluss von Menschen. Die Industrie sucht händeringend nach Nachwuchs und macht gleichzeitig bestimmte Gruppen zu einer Überschussbevölkerung (…)."[3]

Die Spaltung von drinnen und draußen ist von grundsätzlicherer Natur als die Differenzierung in Klassen, die Marx vor Augen stand, und die, wie wir uns erinnern, auf dem Unterschied von Besitz/Nichtbesitz von Produktionsmitteln beruhte. Es ist eine Spaltung in Einschluss oder Ausschluss von gesellschaftlicher Teilhabe. Es ist die Frage von Inklusion und Exklusion und von damit einhergehender gesellschaftlicher Bedeutungslosigkeit.

Dominanz von Arbeit und Markt

Zentrales gesellschaftliches Merkmal der Gesellschaft der Zweiten Moderne ist die Dominanz von Arbeit und Markt als Medien und Formen gesellschaftlicher Organisation und Integration – Arbeit und

---

[2] Ein neuer politischer Egalitarismus. Ein Gespräch mit dem Soziologen Heinz Bude, in: Herder Korrespondenz, 63. Jahrgang, Heft 2, Februar 2009, S. 70-74, hier 71.

[3] Ebd.

Markt und nicht Zugehörigkeit, Familie oder Religion. Die Gesellschaft der Zweiten Moderne ist eine Arbeitsgesellschaft deshalb, weil in ihr Vergesellschaftung nur noch als Teilhabe an Gesellschaft zu denken ist und weil Teilhabe an Gesellschaft wesentlich über Erwerbsarbeit erfolgt: Integration ist gebunden an die Verpflichtung und die Fähigkeit der Menschen, ihre Zeit, Kraft und Qualifikation auf dem Arbeitsmarkt anzubieten und so in Lebenschancen umzusetzen. Lohnarbeit – unter Einschluss von Arbeit gegen Gehalt – ist der Königsweg sozialer Integration, sozialer Anerkennung, materieller Sicherheit und persönlicher psycho-sozialer Stabilität.

Regulativ dieser Anerkennung, materieller Sicherheit und persönlicher, psycho-sozialer Stabilität ist nicht die Familie, sondern der Markt und mit ihm die Markttauglichkeit der Menschen, der Grad der Nutzbarkeit ihrer Fähigkeiten für fremde, marktgängige Zwecke. Der Grad der Subsumtionsfähigkeit menschlichen Arbeitsvermögens unter fremde Zwecke konstituiert Qualifikation und bestimmt den Wert von Bildung und mit beidem die Chance von Menschen auf gesellschaftliche Teilhabe durch Integration in Arbeit.

Dabei besteht die Besonderheit der Arbeitskraft darin, dass diese – sofern der Arbeitskraftbesitzer nichts anderes besitzt als seine Arbeitskraft und deren Qualifikation – für ihn selbst völlig wertlos ist: Sie ist ungeeignet, für ihn zur Quelle des Lebensunterhalts zu werden, so lange der Arbeitskraftbesitzer sie nicht verkauft. Das heißt, Arbeitskraft ist so lange nutzlos, so lange sie nicht mit Produktionsmitteln kombiniert werden kann, die sich in der Hand von Privateigentümern befinden.

Die Menge des Arbeitsangebots ist durch zwei Einflussgrößen bestimmt: erstens durch die absolute Zahl der Individuen, die sich als Folge des Fortpflanzungsverhaltens der Menschen und als Folge der Institutionen, welche Geburtenhäufigkeit und Lebensdauer bestimmen, in einer Gesellschaft befinden; und zweitens durch den relativen Anteil der Menschen, die ihr materielles Leben nicht anders als durch den Verkauf ihrer Arbeitskraft erhalten können, weil sie nämlich nicht über die natürlichen oder produzierten Produktionsmittel verfügen, die es ihnen erlauben würden, vom Verkauf der Produkte selbst zu leben. Die so bestimmte Zahl von Arbeitskraftanbietern ist relativ starr und die als arbeitsfähig definierten Arbeitskraftbesitzer verfügen nicht über die Option, ihre Arbeitskraft dauerhaft nicht zum Verkauf anzubieten. Und ebenso wenig verfügen sie über die Möglichkeit, nach verkaufsstrategischen Gesichtspunkten Einfluss darauf zu nehmen, wie viel andere Arbeitskraftbesitzer das Angebot ihrer Arbeitskraft geltend machen. Der Verkauf von Arbeitskraft ist der einzige Weg, auf dem sich die von Produktionsmitteln freigesetzte und deshalb für sich selbst noch wertlose Arbeitskraft über die Schwelle des privaten Eigentums hinwegsetzen und mit den Produktionsmitteln verbinden kann.

Asymmetrien am Arbeitsmarkt

Das Verhältnis von Arbeitskraftbesitzern und Produktionsmittelbesitzern – anders formuliert: das Verhältnis also von Nachfragern nach Arbeitsplätzen zu Anbietern von Arbeitsplätzen – ist durch die marktstrategische Unterlegenheit des Arbeitskraftangebotes definiert. Das ist eine erste Asymmetrie. Die marktstrategische Unterlegenheit des Arbeitskraftangebotes hat nämlich ihren Grund darin, dass jeder Versuch, die Angebotsmenge der Arbeitskraft kollektiv zu reduzieren, zu einer organisatorisch nicht durchsetzbaren Verminderung der Subsistenzmöglichkeiten zumindest eines Teils der Anbieter von Arbeitskraft führen müsste. Ohne flankierende politische Maßnahmen sind die Anbieter von Arbeitskraft und auch deren Koalitionen jedenfalls nicht dauerhaft in der Lage, das Angebot von Arbeitskraft personell zu verknappen.

Eine zweite Asymmetrie hinsichtlich der anwendbaren Marktstrategien zwischen Nachfragern nach Arbeitskraft (Betriebe und Unternehmer) und Anbietern von Arbeitskraft besteht in der Substitution von Arbeitskraft, d.h. in der Ersetzung von Arbeitsplätzen durch Technologie: Der Einsatz von Technologie und die betriebliche Reorganisation verschaffen der Nachfrageseite auf dem Arbeitsmarkt gegenüber der Angebotsseite einen relativen Vorteil, weil sowohl bei konstanter als auch bei steigender Produktion Arbeitskraft und/oder Qualifikation eingespart werden kann. Eine hierzu komplementäre

Strategie steht der Angebotsseite nicht zur Verfügung. Der Nachfrageseite stehen hingegen um den Preis von Investitionen wissenschaftlich-technische Möglichkeiten zu Gebote, den Produktionsprozess zu rationalisieren, was immer auch bedeutet, den Arbeitskräftebedarf zu senken. Demgegenüber verfügen die Anbieter von Arbeitskraft und deren Organisationen allenfalls in äußerst beschränktem Umfang über geeignete Mittel, von sich aus die Effizienz des Reproduktionsprozesses ihres Lebens zu verbessern.

Und schließlich gibt es eine dritte Asymmetrie hinsichtlich der anwendbaren Marktstrategien zwischen Nachfragern nach Arbeitskraft (Betriebe und Unternehmen) einerseits und Anbietern von Arbeitskraft andererseits. Sie besteht darin, dass die Nachfrager von Arbeitskraft ihre Arbeitskosten reduzieren können, wohingegen die Anbieter von Arbeitskraft nicht über die Mittel verfügen, ihr Arbeitseinkommen autonom zu reduzieren, um sich „billiger" und ihr Arbeitsangebot damit attraktiver zu machen. Denn eine Senkung der Kosten bzw. der Preise von „Lohngütern", die zur Reproduktion der Arbeitskraft benötigt werden, steht nicht im Ermessen der Arbeitskraftanbieter. Nur wenn die Arbeitskraftanbieter in der Lage wären, von sich aus ihre eigenen Reproduktionskosten zu senken, stünde auch ihnen die Möglichkeit zur Verfügung, Arbeitskosten durch strategische Angebotsverknappung zu senken.

Dass dies nicht der Fall ist, lässt sich an der in der Arbeitsökonomie durchweg geteilten und gut bestätigten Annahme ablesen, dass eine Senkung des Lohnsatzes keineswegs – wie dies beim Preis aller anderen Waren in der Regel der Fall ist – zu einer Senkung der Menge der angebotenen Arbeit (= Angebotsmenge) führt. Vielmehr hat dies in der Nähe des kulturell definierten Existenzminimums gerade die gegenteilige Folge, nämlich dass die – zum nunmehr gesenkten Lohnsatz(!) – angebotene Menge an Arbeit (= Zahl der Arbeitskräfte und der Arbeitsstunden) erhöht wird. Auch dies ist ein Unterschied zwischen der Ware Arbeitskraft und allen anderen Waren: Sie ist bei niedrigem Einkommen mangels alternativer Nutzungsmöglichkeiten genötigt, ihr quantitatives Angebot noch auszuweiten, und zwar darum, weil sie weder die Reproduktionskosten des Lebens beeinflussen noch sich auf Reproduktionstechnologien umstellen kann, die ihr eine

effizientere Nutzung bzw. den partiellen Verzicht auf Arbeitseinkommen erlauben würden. Und aufgrund insbesondere dieser Asymmetrie ist die Arbeitskraft stärker vom Kapital als das Kapital von der
Arbeitskraft abhängig: Die Anbieter von Arbeitskraft sind stärker genötigt, ihr Angebot auszuüben als die Nachfrager genötigt sind, ihre
Nachfrage geltend zu machen. Und dieses systematische Machtun-
gleichgewicht zwischen Angebot und Nachfrage kann, wenn überhaupt, dann nur durch den Einsatz marktexterner politischer Macht-
mittel neutralisiert werden.

Dass es sich bei den Ergebnissen dieser Analyse der Arbeits-
marktpositionen von Arbeitgebern und Arbeitnehmern und bei der
Beschreibung der sich aus diesen Positionen ergebenden Asymmetri-
en nicht um politische Polemik, sondern um empirisch belegbare und
rechtlich beachtliche Sachverhalte handelt, erhellt daraus, dass das
Bundesarbeitsgericht (BAG) bereits vor dem Inkrafttreten des Schuld-
rechtsmodernisierungsgesetzes die Auffassung vertreten hat, dass
„selbst dem nicht vorformulierten Arbeitsvertrag eine immanente In-
haltsbegrenzung zu eigen" sei (BAG vom 16.03.1994 – 5 AZR 339/92
und BAG vom 23.6.1994 – LAZR 3/84). Und es hat diese Auffassung
mit dem Hinweis auf die strukturelle Unterlegenheit des Arbeitneh-
mers begründet: „Die Arbeitsgerichte (…) haben dann, wenn eine Regelung den strukturell unterlegenen Arbeitnehmer ungewöhnlich be-
lastet, einen angemessenen Interessenausgleich herbeizuführen (BAG
vom 16.3.1994 – 5 AZR 339/92).

Mit der Novellierung des Bürgerlichen Gesetzbuches durch das
Gesetz zur Modernisierung des Schuldrechts (Schuldrechtsmoderni-
sierungsgesetz) vom 26. November 2001, das am 1. Januar 2002 in
Kraft trat, sind die materiellrechtlichen Bedeutungen des früheren Ge-
setzes zur Regelung des Rechts der Allgemeinen Geschäftsbedingun-
gen (AGBG) in §§ 305-310 BGB verpflanzt worden.

Von zentraler arbeitsrechtlicher Bedeutung ist dabei der Um-
stand, dass nach seinem § 23 Abs. 1 das AGBG auf Verträge auf dem
Gebiet des Arbeitsrechts nicht anzuwenden war und das Schuld-
rechtsmodernisierungsgesetz genau dies geändert hat: In §§ 305 ff.
BGB fehlt eine Vorschrift, die Arbeitsverträge von AGB-rechtlichen
Regeln ausnehmen würde. Dies war vom Gesetzgeber so gewollt.

Erosion des Normalarbeitsverhältnisses

Korrelativ zu den beschriebenen Veränderungen und Asymmetrien am Arbeitsmarkt schwinden die sozialen Ordnungsschemata der Industriegesellschaft: Klasse, Kleinfamilie, Berufsarbeit sind als Sinn gebende und soziale Integration vermittelnde Ordnungsschemata brüchig geworden. Sie sind nicht mehr eine zuverlässig kalkulierbare Grundlage für gelingende Lebensführung, und sie eignen sich nicht mehr oder bestenfalls nur noch in begrenztem Maße als Grundlage individueller Lebensorientierung, und dies gilt auch für Bildung.

Die Gesellschaft der Zweiten Moderne ist eine Risikogesellschaft, dies in besonderem Maße wegen der Erosion des Normalarbeitsverhältnisses und wegen der damit notwendig einhergehenden Erosion des Wertes sowohl schulischer und hochschulischer als auch beruflicher Bildung als Grundlage der Sicherung von Chancen am Arbeitsmarkt. Gleichzeitig besteht der Zwang fort, sich trotz der Erosion des Normalarbeitsverhältnisses und trotz der Erosion des Wertes von Bildung für einen Beruf entscheiden zu müssen, ohne die Folgen dieser Entscheidung kontrollieren zu können und ohne den Halt primärer Sicherungssysteme wie Herkunftsfamilie oder lebensweltliche Solidargemeinschaften, die Fehlentscheidungen korrigieren oder die Folgen von Fehlentscheidungen mildern oder beseitigen könnten.

Und eben dies ist der Kern des gegenüber der Industriegesellschaft veränderten Verhältnisses von Mensch und Gesellschaft. Es erwächst nicht aus einer Krise, sondern es ist die Normalform der Gesellschaft. In besonderem Maße wird es als verändertes Verhältnis von Jugend und Gesellschaft wirksam. Dies besagt die Rede von der Individualisierung der Lebensführung.

Die Erosion des Normalarbeitsverhältnisses tritt in Erscheinung in Gestalt des Rückgangs an Arbeitsplätzen, in Gestalt der Labilisierung von Arbeitsverhältnissen durch zunehmenden Ersatz unbefristeter Vollzeitbeschäftigungsverhältnisse durch befristete Arbeitsverhältnisse sowie in Gestalt des Ersatzes unbefristeter Vollzeitbeschäftigungsverhältnisse durch Teilzeitarbeitsverhältnisse. Die Folge ist eine Entwertung schulischer, hochschulischer und beruflicher Bildung, weil deren Wert nicht durch „Bildungsinhalte", sondern durch den von Bildung gestifteten Nutzen in Bezug auf Arbeit bestimmt wird. Der Wert von Bildung bemisst sich an der – mittels zertifizierter Bildungsabschlüsse ermöglichten – Inklusion in Arbeit.

Ökonomisch instrumentalisierte Bildung

Bildung an sich ist wertlos. Diese Behauptung mag Pädagogen verärgern, sie entspricht aber den Tatsachen – vor allem der Tatsache, dass der Wert von Bildung durch ihren Arbeitsmarktwert bestimmt wird und dass die Lebenschancen, die Bildung vermittelt, nicht von Bildungsinhalten, sondern von deren Arbeitsmarktwert abhängen. Alles andere anzunehmen ist edle Illusion! Bildung hat man für sich. Gebildet ist man für andere, darunter für die, die über den Wert der ihnen angebotenen Arbeitskraft für ihre Zwecke bestimmen und die damit auch über den Wert von Bildung aus der Perspektive ihrer Zwecke bestimmen.

Bildungsgesellschaften sind „Zeugnis"-Gesellschaften. Dies kommt darin zum Ausdruck, dass Leistungen und Kompetenzen durch organisierte Bildungsprozesse hervorgebracht werden, dass die Leistungserbringung in der Symbolik von Bildungszertifikaten vergegenständlicht wird und dass soziale Ungleichheiten durch Bildungsbeteiligung begründet werden bzw. begründbar sind. Aber der Wert von Bildung und der Wert der sie vergegenständlichenden Bildungszertifikate werden nicht von Schulen, Hochschulen und Bildungseinrichtungen, sondern von den Anbietern von Arbeitsplätzen – von den „Beschäftigern" – bestimmt. Und die Qualifikationsanforderungen, die Anbieter von Arbeitsplätzen definieren, sind nicht nur Ausdruck technischer Notwendigkeiten, sondern sie werden auch durch das Verhältnis der Zahl des Angebots von Arbeitsplätzen mit bestimmten Qualifikationsanforderungen einerseits zur Zahl der Arbeitsuchenden mit entsprechenden Bildungszertifikaten andererseits festgelegt: Gibt es in diesem Zahlenverhältnis ein Überangebot an Bewerbern mit anforderungsadäquaten Bildungszertifikaten, so wird der Wert der durch diese Bildungszertifikate ausgewiesenen Bildung herabgesetzt. Und dies geschieht deshalb, weil Arbeitsplatzanbieter aufgrund der Wahrnehmung des Vorhandenseins eines Überangebots an qualifizierten Bewerbern die Einstellungsvoraussetzungen erhöhen („upgrading") und auf diesem Wege eine Marktsituation schaffen, die auch Inhaber „hochwertiger" Bildungszertifikate zwingt, eine Entscheidung zwischen den Alternativen zu treffen, entweder überflüssig – sprich: arbeitslos – zu werden oder selbst weit unterhalb ihrer Qualifikation zu arbeiten.

Noch im Jahre 2006 schreibt Wolfgang Franz in seinem als Standardwerk der ökonomischen Theorie in Forschung und Lehre unangefochten anerkannten Werk „Arbeitsmarktökonomie":

„Im Zeitraum 1976 bis 2002 hat sich bis zum Jahre 2002 der Anteil der Männer der Altersgruppe von 35-40 Jahren, die eine Fachhochschulreife oder eine allgemeine Hochschulreife besaßen, gegenüber dem Anteil der Männer der Altersgruppe von 35-40 Jahren, die im Jahre 1976 eine Fachhochschulreife oder eine allgemeine Hochschulreife besaßen, verdreifacht, und der Anteil der Frauen der Altersgruppe von 35-40 Jahren, die im Jahr 2002 eine Fachhochschulreife oder eine allgemeine Hochschulreife besaßen, hat sich gegenüber dem Anteil der Frauen der Altersgruppe von 35-40 Jahren, die im Jahre 1976 eine Fachhochschulreife oder eine allgemeine Hochschulreife besaßen, verfünffacht. Das provoziert die Frage, warum die Leute sich bilden, und die Alltagserfahrung spricht als Antwort auf diese Frage für die beiden Motive ‚Bildung macht Spaß und sie zahlt sich auch aus'."[4]

Es mag dahingestellt sein und bleiben, ob Bildung „Spaß macht". Franz bleibt hierzu den Beweis schuldig. Was er hingegen in präziser wirtschaftswissenschaftlicher Diktion nachvollziehbar und methodisch unanfechtbar belegt, ist die Tatsache, dass die Aussage „Bildung zahlt sich aus" zu dieser Zeit zutreffend war. Die von ihm auf der Grundlage des sozioökonomischen Panels des Jahres 2000 berechneten Zahlen weisen nach, dass noch im Jahre 2000 der durchschnittliche Bruttomonatsverdienst des deutschen Vollzeitwerkstätigen mit Hochschulabschluss im Alter zwischen 36 und 46 Jahren um durch-

---

4 *Franz, Wolfgang:* Arbeitsmarktökonomik, sechste, vollständig überarbeitete Auflage, Berlin und Heidelberg 2006, Kapitel 3: Investitionen in das Humankapital, S. 75-100, hier S. 77-78.

schnittlich 45% über dem durchschnittlichen Bruttomonatsverdienst des deutschen Vollzeitwerkstätigen mit abgeschlossener Berufsausbildung lag.[5]

Genau dies aber hat sich in den vergangenen zehn Jahren geändert. Die allgemeine Verknappung des Arbeitsplatzangebots bewirkt mit der durch sie hervorgerufenen Entwertung von Bildung und Bildungszertifikaten zugleich die Entstehung eines Bildungsparadoxons. Wie empirisch belegt ist, führt die – durch eine Verknappung des Arbeitsplatzangebots bewirkte – Entwertung von Bildung und Bildungszertifikaten eben nicht zu einem Rückgang der Nachfrage nach Bildung, sondern sie führt ganz im Gegenteil zu einer gesteigerten Nachfrage nach Bildung. Dieses Paradoxon ist in den Wirtschaftswissenschaften bekannt und es definiert hier das inferiore Gut.

Bildungsversprechungen und Bildungslügen

Inferiore Güter sind solche Güter, die umso mehr nachgefragt werden, je höher ihr Preis steigt. Dies ist von Brot bekannt: steigende Brotpreise führen (angstbedingt) zu einer Steigerung der Nachfrage nach Brot. Das hat einen Mengeneffekt und einen Niveaueffekt zur Folge.

Ähnliches gilt auch hinsichtlich der Bildung, Mengeneffekt und Niveaueffekt interferieren auch hier, und die Interferenz von Mengeneffekt und Niveaueffekt führt zusätzlich zu einem „Fahrstuhleffekt" in der Entwertung von Bildung: Immer mehr Arbeitsuchende fragen nicht nur nach Bildung, sondern wegen der Entwertung von Bildung nach „hochwertiger" Bildung, was auf der jeweils nächst höheren Ebene zu einem Überangebot an höher-, hoch- oder höchstgebildeten Arbeitsplatzsuchenden und damit wiederum zu einer Entwertung von Bildung auch auf höherem und höchstem Niveau führt.

Die Wahrnehmung der Verknappung des Arbeitsplatzangebots provoziert zunächst eine quantitative Ausweitung der Bildungsan-

---

[5]   Vgl. ebd., S. 80 ff.

strengungen. „Mehr Bildung" wird von Politikern, Pädagogen und Philosophen in naiver Realitätsferne empfohlen und angeboten. Und genau dies schafft eine gegenüber dem Vorzustand erhöhte Zahl von Inhabern von Bildungszertifikaten aller Niveaus und erzeugt bei den Inhabern der Bildungszertifikate die angstauslösende „Erfahrung der großen Zahl".

Dies gilt in besonderem Maße dann, wenn die erhöhte Zahl von Inhabern von Bildungszertifikaten auf ein weiterhin erodierendes Angebot an Arbeitsplätzen trifft.[6] Es kommt dann zu Ausschließungs-erfahrungen, die mit der Stärke des Mengeneffekts variieren. Man nimmt wahr, dass die Arbeitslosigkeit zwar überall vorhanden ist, bei den Besserqualifizierten jedoch konjunkturell weniger schwankt. Beides zusammen bewirkt gegenüber dem Vorzustand eine stark erhöhte Nachfrage nach höherwertiger, sprich: „besserer" Bildung, dies in der Annahme, dass – weil Bildung vor Arbeitslosigkeit schützt – eine „bessere Bildung" besser vor Arbeitslosigkeit schützt als eine „einfa-che" Bildung. Diese Meinung wird in gesellschaftspolitisch wie bildungspolitisch gleichermaßen fragwürdiger Weise von Bildungspoli-tikern und Hochschulen gestützt. Letztere tun dies deshalb, weil sie hieraus ihre Vorteile ziehen, indem sie ganz neue Bildungsgänge auf dem Reißbrett entwerfen und politisch durchsetzen – dies mit der empirisch niemals überprüften, geschweige denn belegten Behaup-tung, dass die hier angebotene Bildung gebraucht werde und jungen Menschen bessere Arbeitsplatzchancen vermittle. Solches trifft in im-mer geringerem Maße zu. Arbeitsplatzchancen vermitteln derartige „Luftnummern der Bildungspolitik" (Enzensberger) lediglich karrie-rebewussten Jungwissenschaftlern, die sich um die – aus Steuermit-teln finanzierten – Professuren und Dozenturen reißen. Die normalen Studenten aber werden getäuscht. Man bedient ihre Naivität und ihre naiven Hoffnungen, um mit Hilfe der von ihnen belegten „exklusi-ven" Studiengänge ihr Leben zu sichern und in der Konkurrenz be-stehen zu können.

---

6   Die Volkswirtschaftslehre kennt diesen Zusammenhang als Schweinezy-klus.

Die „Illusionisten des Bildungssystems" trügen, weil mit dem Niveaueffekt ein Fahrstuhleffekt zur Geltung kommt. Je mehr höherwertige Bildung angeboten und nachgefragt wird, desto größer ist langfristig die Absolventenzahl dieser Bildung und desto größer ist langfristig das Überangebot an Bildungszertifikatinhabern höherwertiger Bildung. So entsteht eine „Bildungsschwemme zweiten Grades", ein Überangebot an Hoch- und Höchstqualifizierten:

> *„Der Schlüssel der Lebenssicherung liegt im Arbeitsmarkt. Arbeitsmarkttauglichkeit erzwingt Bildung. Wem das eine oder andere vorenthalten wird, der steht gesellschaftlich vor dem materiellen Nichts. Ohne entsprechende Bildungs- und Ausbildungszertifikate ist die Lage ebenso verheerend wie mit ihnen, aber ohne darauf bezogene Erwerbsarbeitsplätze."*[7]

Diese Wirklichkeit, die Beck ausdrückt, hat Bourdieu als „Erfahrung der geprellten Generation" beschrieben. Die Erfahrung der geprellten Generation kommt nicht nur durch Überqualifikation, sondern darüber hinaus auch durch die real existierende Lohnspreizung von sehr hohen Löhnen für Hochqualifizierte und relativ niedrigen Löhnen für nur „mittelprächtige Absolventen" und geringer Qualifizierte zustande. Wer hochqualifiziert ist, ist es nicht deswegen, weil er Bildung liebt, sondern deswegen, weil er Bildung zum Zwecke der Sicherung eines hohen Einkommens und eines entsprechenden Lebensstandards benutzen will – er glaubt, ein Anrecht auf Höherbezahlung zu haben, und genau dies führt dazu, dass Studienplätze begehrt sind, weil man dann mehr ist, mehr zu sagen hat, besser leben kann, kurzum: weil man sich dann von der Mehrheit der Menschen unterscheidet. Die Motivkraft dieses Zusammenhangs ist ungeheuer und produziert zusätzlich zu allem anderen ein Angebot an Überqualifizierten, die sich nicht damit zufrieden geben wollen oder nicht damit zufrieden geben können, auf mittlerem Niveau zu arbeiten.

Die institutionelle Bildungsexpansion und die nicht zuletzt durch entsprechende Kampagnen – wie: „wir brauchen mehr Studenten", „schick dein Kind auf höhere Schulen" – und irreführende Verspre-

---

7   *Beck, Ulrich:* Risikogesellschaft. Auf dem Weg in eine andere Moderne, Frankfurt am Main 1986, S. 214.

chen von Bildungspolitikern veranlassten Fehleinschätzungen, dass „mehr Bildung" quasi automatisch zu höherem Einkommen führt, erhöhen die formale Qualifikation insbesondere der Akademiker immer mehr. Dies führt allerdings nicht zu mehr Erwerbsarbeitsplätzen und damit zu mehr Einstellungen, sondern lediglich und in beständig steigendem Maße zum Verdrängungswettbewerb.

Bildungsinflation

Genauso wie die Geldinflation darin besteht, dass der am Marktpreis – genauer am Preisniveau – gemessene „Geldwert sinkt", so besteht die Bildungsinflation ihrem Wesen nach darin, dass der Arbeitsmarktwert von Bildungsabschlüssen sinkt. Bildungsinflation ist die Folge des Überangebots an Inhabern von Zertifikaten, die für eine bestimmte Position qualifizieren. Die vorhandene Elite setzt die Kaufkraft von Zertifikaten herab. Gleichzeitig steigt der Bildungszwang, weil mit steigendem Anteil der Inhaber von Bildungszertifikaten der Umstand, nicht im Besitz eines adäquaten Bildungszertifikats zu sein, disqualifiziert. Wie Beck es formuliert, wird Bildung zwar immer weniger garantiert und deshalb real immer weniger wert. Man braucht sie aber gerade deshalb in verstärktem Maße, weil man ohne Bildungszertifikat „nicht einmal mehr auf den Bahnsteig, sprich: nicht einmal mehr in das Vorzimmer des Personalchefs kommt".

Bildungsinflation führt nun aber auch dazu, dass auch Arbeitsplatzbewerber mit höherwertigen oder mehreren Bildungszertifikaten wegen ihrer großen Zahl und wegen des dadurch erzeugten Überangebots immer billiger – also gegen geringeren Lohn – arbeiten müssen (vgl. „Generation Praktikum!), und dass sie zu Angehörigen eines Bildungsproletariats werden. Seit Marx gilt: neben dem Nichtbesitz von Produktionsmitteln ist das „Elend der großen Zahl" definierendes Merkmal des Proletariats.[8]

---

[8]   Vgl. dazu statt anderer: *Schlicht, Ekkehart:* „Lohnspreizung und Effizienz". Volkswirtschaftliche Fakultät Ludwig-Maximilians-Universität München, Discussion paper 2008 – 14. February 2008, online http://epub.ub.uni-muenchen.de; *Grossarth, Jan:* „Diplome und Krawalle. Krisen der Bil-

Soziale Benachteiligung und soziale Ungleichheit

Die Gesellschaft der Zweiten Moderne ist deshalb eine Risikogesellschaft, weil die Freisetzung von Menschen und Lebenschancen von Herkunft und Familie das Gesicht der Ungleichheit verändert. Ungleichheit ist kein Herkunftsschicksal mehr sondern ein individuell zu vertretender Sachverhalt. Der Ausschluss aus gesellschaftlicher Teilhabe gilt heute als individuelles Versagen. Dessen Ausmaß wird bestimmt vom sozialen und kulturellen Kapital, vom Zugang zu sozialen Netzwerken und von den Beziehungen und Bindungen des jeweiligen Individuums.

Das Nichtverfügen über diese sozialen Güter ist in tatsächlicher Hinsicht Grundlage und definierendes Merkmal des Begriffs „soziale Benachteiligungen", deren Ausgleich der Gesetzgeber in § 13 Sozialgesetzbuch Achtes Buch (SGB VIII) – Kinder- und Jugendhilfegesetz als normative Zweckbestimmung für Jugendsozialarbeit einführt. Hiervon sind insbesondere schulisch und beruflich nicht- und geringqualifizierte Jugendliche betroffen. Ihre Benachteiligung wird durch einen relativen Mangel an Ressourcen in Gestalt eines relativen Mangels an sozialem und kulturellem Kapital, an Netzwerken, Bindungen und Beziehungen begründet. Deswegen sind sie sozial schwach. Soziale Schwäche bezeichnet ein konstitutionelles Integrationsrisiko.

Weil die Gesellschaft der Zweiten Moderne soziale Integration, Anerkennung, Zugehörigkeit und Lebenschancen an die Regulationskraft des kapitalistischen Marktes bindet und diesem überlässt, schafft sie völlig absichtslos und moralfrei – a-moralisch – Marginalisierungsrisiken, sozialen Ausschluss, soziale Ungleichheit und Armut in einem praktisch unbegrenzten Ausmaß, dies vor allem für diejenigen, die nicht über marktgängige Qualifikationen verfügen. Weil krisenhafte Veränderungen die ohnehin sozial Schwachen in ihren Lebensgestaltungsmöglichkeiten am meisten schwächen, vertieft sich die Gefahr gesellschaftlicher Spaltung nicht nur in Arm und Reich, sondern in diejenigen, die noch dazugehören und diejenigen, die schon nicht mehr dazugehören: die nach den Funktionsbedingungen einer funk-

dungsexpansion. Es gibt immer mehr überqualifizierte Akademiker", Frankfurter Allgemeine Zeitung, 12. 8. 2009.

tional differenzierten Gesellschaft und nach den Maßstäben des kapitalistischen Marktes überflüssig, wenn nicht gar entbehrlich sind. Dieser Sachverhalt stört die operative Logik eines funktional differenzierten Gesellschaftssystems nicht. Er ergibt sich vielmehr parasitär in mehr oder minder proportionalem Verhältnis zum operativen Vollzug von Gesellschaft und den Organisationen, in denen sich gesellschaftliche Funktionssysteme empirisch konkretisieren und die Gesellschaft als Kommunikationssystem, das die auf organischer, physischer und psychischer Grundlage gegebenen Potentiale der Menschen selektiv steuert und in dieser selektiven Steuerung seine Autonomie erlangt, empirisch repräsentieren.

Soziale Ungleichheit wird insbesondere im Übergang vom Schulsystem in die berufliche Ausbildung und im Übergang von der beruflichen Ausbildung in das Erwerbssystem wirksam. Diese Übergänge sind Selektionsschwellen deshalb, weil sie den Zugang zur Konkurrenz um knappe Güter regulieren und in gesellschaftspolitisch beachtlichem Umfang sowohl soziale Ungleichheiten als auch gesellschaftliche Spaltungen vertiefen. Dies gilt auch für den Zugang zu Arbeit als Regulativ gesellschaftlicher Teilhabe.

Prekarisierung der Beschäftigung Jugendlicher

Die Arbeitswelt hält für zunehmend mehr Jugendliche in Zukunft Arbeit und Beruf als Teilhabe und Identität stiftende Elemente nicht mehr bereit. Beschreibt man die Jahre 1990 bis 2000 aus der Sicht der Arbeitsmarktökonomie, so ist man, sofern man die Ergebnisse der empirischen Arbeitsmarktforschung dieser Zeit zur Kenntnis nimmt, gezwungen, von einer Heterogenisierung der Beschäftigungsverhältnisse zu sprechen. Diese ist gekennzeichnet durch die zunehmende Auflösung des Normalarbeitsverhältnisses, durch Prekarisierung der Beschäftigung, durch diskontinuierliche Erwerbsbiographien und durch zunehmende Massenarbeitslosigkeit.

Während bis dato das Verhältnis ökonomischer Entwicklung zur Armut dergestalt symmetrisch war, dass einem hohen ökonomischen Entwicklungsstand Vollbeschäftigung oder doch nahezu Vollbeschäftigung und demgemäß eine niedrige Armutsquote entsprach, zeigt sich seit Beginn der neunziger Jahre erstmals in der Geschichte der kapitalistischen Produktionsweise dieses Verhältnis als asymmetrisch. In Zeiten ökonomischen Wachstums werden keine deutlichen Beschäftigungseffekte erzielt, sondern Wachstum wird selbst zum Motor der Arbeitsplatzvernichtung und damit zum Anlass der Entstehung neuer Armut und/oder der Vertiefung bereits bestehender Armut – vor allem im Zusammenhang mit einer betriebswirtschaftlichen Orientierung an Aktienkursen.

Dieser Zusammenhang mag an folgendem Beispiel deutlich werden: Nach einer Notiz in der Frankfurter Allgemeinen Zeitung führte die Mitteilung der Siemens AG, es werde die Aufhebung von mehreren Tausend Arbeitsplätzen erwogen, noch am Tage ihrer Bekanntgabe zu einem mehrprozentigen Anstieg des Aktienkurses der Siemens-Aktien. Ursache hierfür ist ein durch technologische und organisatorische Rationalisierungen von bisher nicht gekanntem Ausmaß ausgelöster Rückgang des Angebots an Arbeit und Berufsausbildung – eine Krise der Arbeitsgesellschaft, der gegenüber Kontrolle und arbeitsmarktpolitische Einflussnahme zunehmend ins Leere laufen.

Die Gruppe der bildungsarmen und qualifikationsschwachen, individuell beeinträchtigten Jugendlichen, die noch in den achtziger Jahren auf dem Wege von Anlernkarrieren und als Zuarbeiter einen Arbeitsplatz fand, ist gegenwärtig und auf Zukunft hin eine überflüssige Generation, eine Restpopulation, die aus Sicht des ersten Arbeitsmarktes ohne Chancen ist. Ihre Äußerungen und die Lebenswirklichkeiten finden keine funktionssystemspezifische organisatorische Berücksichtigung mehr. Durch den Wandel der Regeln des sozialen und ökonomischen Lebens sind sie marginalisiert worden. Diese Jugendlichen und jungen Menschen reagieren auf diese Marginalisierung mit objektiv marginalisierungsverstärkenden Strategien. Durch die zyklische Verknüpfung von Ausschluss einerseits und objektiv falscher und deshalb Marginalisierung verstärkender Reaktion andererseits entsteht eine Verliererpopulation Jugendlicher in besonderen Lebenslagen.

Soziale Selbstausgrenzung als besondere Lebenslage

Das Vorliegen besonderer Lebenslagen begründet sowohl nach Sozialgesetzbuch Zwölftes Buch (SGB XII) – Sozialhilfe – als auch nach Sozialgesetzbuch Achtes Buch (SGB VIII) – Kinder- und Jugendhilfe – Anspruch auf Leistungen.

Besondere Lebenslagen Jugendlicher, insbesondere die soziale Selbstausgrenzung benachteiligter und/oder individuell beeinträchtigter Jugendlicher aus gesellschaftlicher Teilhabe ist weder Vorfall noch Ereignis, sondern eine subjektiv vernünftige, subjektiv plausible und stabilitätsgarantierende Reaktion auf lebensgeschichtliche Verwerfungen, Versagens- und Entwertungserlebnisse und daran anknüpfende Herabsetzungen, Stigmatisierungen und soziale Ausgrenzungen.

Soziale Selbstausgrenzung Jugendlicher aus gesellschaftlicher Teilhabe in der Erscheinungsform gezielt herbeigeführter Nichterreichbarkeit hat Antwortcharakter:

1. Sie ist eine subjektiv sinnvolle, selbsterhaltende Reaktion auf Konflikte, die von diesen Jugendlichen mit den ihnen zur Verfügung stehenden Ressourcen und Bewältigungsstrategien nicht anders lösbar sind.

2. Sie ist eine subjektiv sinnvolle Reaktion auf einzeln oder kumulativ in Erscheinung tretende, nicht abwendbare Krisen.

3. Sie ist eine subjektiv sinnvolle Reaktion auf nicht kompensierbare Selbstwertverletzungen infolge des als eigenes Versagen empfundenen Scheiterns an den Zugangsvoraussetzungen zu Organisationen, die Lebenschancen vermitteln (Schule, Berufsausbildung, Arbeit).

4. Sie ist eine subjektiv sinnvolle Reaktion auf irreversible Ausgrenzungen infolge von Stigmatisierung wegen Versagens, wegen sozialer Auffälligkeit, wegen Drogengebrauchs.

Arbeitslosigkeit als Lebensform

Auf diesem Hintergrund wird Arbeitslosigkeit von Jugendlichen, die zur Klientel der Jugendberufshilfe gehören, in zunehmendem Maße nicht als Leid oder Mangel erfahren, sondern sie wird von diesen Jugendlichen als eine mögliche Normalform der Lebensführung wahrgenommen – und auch dies in zunehmendem Maße. In der Folge wird für sie ihre Arbeitslosigkeit zur Grundlage der Entwicklung hierauf bezogener Überlebenstechniken jenseits der Institutionen. So entsteht eine Form subkultureller Untergrundökonomie, die eine lebensweltorientierte Schattenwirtschaft ebenso einschließt wie Überlebensstrategien auf der Grundlage staatlicher Transferleistungen auch in Gestalt über Generationen fortgesetzter Sozialhilfekarrieren. Dazu gehören dann auch kriminelle Techniken, die zu alltagsweltlicher krimineller Gewohnheitsbildung führen und mit der Zeit zur dominanten Organisationsform der Lebensführung dieser Jugendlichen werden.

Gemeinsam ist diesen Strategien, dass sie desozialisierend wirken und dass sie langfristig eine, in ihren Äußerungsformen zwischen Gleichgültigkeit gegenüber der bürgerlichen Rechts- und Sozialordnung und Hass auf die bürgerliche Rechts- und Sozialordnung oszillierende jugendliche Subkultur erzeugen. Zur Ausformung einer solchen Subkultur kommt es vor allem deshalb, weil angemessene Hilfeformen fehlen[9] und daher für institutions- und sozialflüchtige Jugendliche die Abkehr von der Normalform des Lebens die einzige, für sie lebbare und realistische Lösung ist.

Arbeitslosigkeit ist für diese Jugendlichen dann und so lange eine lebbare Lebensform, wenn und so lange es nicht Angebote gibt, in denen die Anerkennung für die eigene Person wegen der bisherigen Lebensform nicht verweigert und das eigene Leben trotz aller Biographiebrüche respektiert und wertgeschätzt wird.

---

[9] Für diese Jugendliche, die durch alle Netze fallen, fehlen im Gefüge herkömmlicher jugendhilferechtlicher Maßnahmen angemessene und die Würde wahrende Hilfen.

Marginalisierte Jugendlichen reagieren nämlich auf die herkömmlichen Angebote der Jugendberufshilfe, die sie nach ihrer methodischen Anlage und sachlichen Ausrichtung ausschließlich auf das Lebensmodell der Lohnarbeitsexistenz zurichten wollen, insbesondere dann mit Angst und Fluchtverhalten, wenn sich das Lebensmodell der Lohnarbeitsexistenz nach ihren bisherigen Erfahrungen für sie mit ihrer eigenen Lebenswirklichkeit als inkompatibel erwiesen hat. Und ihre abwehrende Haltung empfinden sie – nicht ohne Grund – als den einzigen für sie erreichbaren und geeigneten Weg, trotz ihrer prekären Lage und der daraus resultierenden gesellschaftlichen Ächtung eine elementare Selbstachtung zu bewahren.

Weil diese Jugendlichen der bürgerlichen Rechts- und Sozialordnung anomisch entfremdet sind und Sanktionen gleichgültig gegenüberstehen, kann ihr Vertrauen nur durch solche Angebote der Jugendhilfe und der Jugendsozialarbeit gewonnen werden, die in ihrer sachlichen und personellen Ausrichtung auf das L e b e n dieser Jugendlichen ausgerichtet sind. Genau dies ist aber bei den herkömmlichen Angeboten der Jugendberufshilfe in zunehmendem Maße nicht der Fall. In zunehmendem Maße wird nämlich deutlich, dass herkömmliche Angebote der Jugendberufshilfe nicht nur ihrer gesetzlichen Zweckbestimmung – berufliche Eingliederung und Eingliederung in die Arbeitswelt – nicht gerecht werden, sondern Ausgrenzungsrisiken und Abbruchverhalten produzieren. Und dies deshalb, weil herkömmliche Angebote der Jugendberufshilfe und der Jugendsozialarbeit weniger auf die biographischen Erfahrungen als vielmehr auf ihre Defizite fokussieren. Sie konzentrieren sich auf das, was diese Jugendlichen ausgrenzt und ihnen gesellschaftliche Teilhabe und Hoffnung vorenthält: auf ihr reduziertes, den Anforderungen des ersten Arbeitsmarktes nicht entsprechendes Arbeitsvermögen. Und genau aus diesem Grunde vertiefen diese herkömmlichen Angebote die Ausgrenzung dieser Jugendlichen. Sie erkennen dies aber gar nicht, weil sie unter einer, von ihnen selbst nicht als Fiktion durchschauten Annahme arbeiten, nämlich unter der Annahme, den ersten Arbeitsmarkt ab- oder zumindest doch nachzubilden: Sie reproduzieren die Verhältnisse, weil in ihnen das Leben dieser Jugendlichen mit seinen Verstörungen, mit seinen Beschädigungen und Verletzungen nicht vorkommt, nicht verstanden und nicht respektiert wird. Sie vertiefen durch die Art, in der sie die gesellschaftliche Ausgrenzung dieser Jugendlichen bearbeiten, deren Ausgrenzung, die sie eigentlich beheben wollen.

Heterogener, prekärer Arbeitsmarkt

Nach den Ergebnissen neuerer Arbeitsmarktstudien ist auf Zukunft hin von einer zunehmenden Spaltung des Arbeitsmarktes in drei Segmente auszugehen:

1. Rationalisierungsgewinner – 10% bis maximal 20%,

2. Menschen mit brüchigen Erwerbsbiographien einschließlich Arbeitslosigkeitsepisoden – 60% bis maximal 80%,

3. Rationalisierungsverlierer – 10% bis maximal 30%.

Wie empirische Studien zweifelsfrei belegen, bedeutet für die Gruppe der Rationalisierungsverlierer eine gelingende Lebensbewältigung nicht mehr, gradlinige und in sich stringente Erwerbsbiographien zu entfalten. Lebensbewältigung heißt für sie Lebensentfaltung in Gestalt bruchhafter Erwerbsbiographien. Und diese Leistung, die von immer mehr Jugendlichen und jungen Menschen zu erbringen ist, besteht genau darin, gelingende Lebensführung unter den Voraussetzungen bruchhafter Erwerbsbiographien „hinzubekommen". Die Verschärfung dieser Lebenssituation durch zu erwartende weitere krisenhafte Entwicklungen der Arbeitsgesellschaft gipfelt in der Vorbereitung auf ein Leben ohne Arbeit. Junge Menschen mit sozialer Benachteiligung und/oder individueller Beeinträchtigung, sind zunehmend weniger in der Lage, den Anforderungen einer Normalbiographie gerecht zu werden. Und sie sind dies insbesondere deswegen nicht, weil ihnen die hierfür erforderlichen Ressourcen in Gestalt von Bindungen, Beziehungen, sozialem und kulturellem Kapital fehlen – und die zukünftige Aufgabe von Jugendsozialarbeit besteht im Wesentlichen darin, selbst Ressource zu sein und Ressourcen zu erzeugen.

Für die Zukunft gewinnt damit die nur auf den ersten Blick paradoxe Funktionsbestimmung „Eingliederung in den Arbeitsmarkt ohne Arbeitsplätze" Zentralstellung, denn die Arbeitsgesellschaft stößt an ihre Grenzen. Die verfügbare Arbeit nimmt nach Art und Menge ab, und zwar in einem derartigen Ausmaß, dass Art und Menge der noch verfügbaren Arbeit nicht mehr ausreichen, um die industriekapitalistische Gesellschaft – die immer eine Arbeitsgesellschaft war und notwendig eine Arbeitsgesellschaft bleiben wird – weiterhin durch Arbeit zu strukturieren:

„Zum Ende des Jahres 2005 hat die Zahl der registrierten Arbeitsplätze in Deutschland gegenüber der Zahl der 1991 in Deutschland registrierten Arbeitsplätze durch Substitution von Arbeit durch Technologie, durch „Outsourcing" – Einkauf von bisher im eigenen Unternehmen produzierten Gütern und Dienstleistungen bevorzugt im kostengünstigen Ausland – und durch Offshoring – die Abspaltung von Betriebsteilen und deren Verlagerung ins Ausland – um 27% abgenommen. Weil sowohl geringqualifizierte als auch mittelqualifizierte, vor allem aber geringqualifizierte Arbeit in Europa und hier insbesondere in Deutschland im Vergleich zu ihrer Produktivität zu hoch entlohnt wird, und weil gleichzeitig und darüber hinaus der hohe, insbesondere der hohe arbeitsrechtliche Regulierungsgrad die arbeitserhaltende Reaktion rascher Senkung der Preise für Arbeit – rasche Lohnsenkung – nicht zulässt, mithin nur Mengenreaktionen in Gestalt von Arbeitsplatzabbau und damit einhergehende Entlassungen möglich sind, schlagen sich diese Verschiebungen in hohen Arbeitslosenquoten, insbesondere in hohen Arbeitslosenquoten geringqualifizierter Menschen nieder".[10]

Digitaler Kapitalismus

Gegenwärtig vollzieht sich ein gewaltiger Umbruch in den Grundlagen unserer Gesellschaft. Der Kapitalismus wandelt sich vom Industriekapitalismus zum digitalen Kapitalismus. Damit verändert sich

---

[10]   *Sinn, Hanswerner:* Konferenzbericht Munic Economic Summitt 2006, Ms.

auch die Situation der Jugendlichen tiefgreifend. Das neue Problem heißt: „jobless growth" – Wirtschaftliches Wachstum ohne jeden Zuwachs an Arbeitsplätzen. Spätestens seit 1999 ist durch Ergebnisse empirischer Wirtschaftsforschung belegt, dass Beschäftigungszuwächse deutlich unter Umsatzzuwächsen bleiben. Das aber heißt nichts anderes als eben dies: Unternehmen sind in zunehmendem Maße in der Lage, Umsatzzuwächse mit proportional zur Umsatzsteigerung reduziertem Personaleinsatz zu erwirtschaften und zu bewirtschaften. Der digitale Kapitalismus unterscheidet sich vom traditionellen Kapitalismus im Wesentlichen durch die höhere Geschwindigkeit des Strukturwandels und durch den Umstand, dass der Strukturwandel vom Wachstum abgekoppelt ist:

„Der Strukturwandel, der in zunehmendem Maße zu einem Ausschluss von Nichtqualifizierten, Geringqualifizierten und nur mittelmäßig Qualifizierten von Teilhabe an beruflicher Arbeit führt, vollzieht sich selbst bei Ausbleiben von wirtschaftlichem Wachstum in rapidem Tempo und weist bei Vorliegen von Wachstumsraten über Null ein überproportionales Wachstum auf, weil wirtschaftliches Wachstum von Wettbewerbsfähigkeit und Wettbewerbsfähigkeit von dem Umfang abhängt, in dem wachstumserhebliche Arbeitsplätze aufgegeben oder durch Technik substituiert werden – d a s und nur das ist die Definition von unrentabel und von überflüssig".[11]

Es entsteht auf dieser Grundlage eine Zweidrittelgesellschaft. In absehbarer Zeit wird es dazu kommen, dass diese beiden großen Lager sich bekämpfen. Der Kampf zwischen dem Zweidrittelblock, der die Beschleunigungen des digitalen Kapitalismus mitmacht und mitmachen kann einerseits und dem „dritten Drittel", das ausgegrenzt wird, andererseits, wird sich im Kern nicht um technokratische oder ökonomische Einzelkonzepte, sondern um gefühlsgeladene Grundsatzfragen drehen. Wer den Übergang zum digitalen Kapitalismus verzögern wollte, müsste mit schmerzhaften Wohlstandsverlusten rechnen, und genau diese sind weder politisch gewollt noch rechtlich durchzusetzen, so dass eine politische Unterstützung der Ausgegrenzten nicht

---

[11] *Luttwak, Edward:* Turbokapitalismus. Gewinner und Verlierer der Globalisierung, Hamburg und Wien 1999, S. 80 ff.

zu erwarten ist, weil die Verhältnisse, die die ökonomischen Grundlagen dieses Staates abgeben, durch den digitalen Kapitalismus hervorgerufen, gesichert und erweitert werden. Welche Situation zu erwarten ist, wird in den beiden folgend Zitaten von Peter Glotz und Heike Solga überdeutlich:

„Unter den Bedingungen des digitalen Kapitalismus werden Arbeitskräfte zunehmend überflüssig, denn das durchaus erreichte Wachstum von Produktivität und Sozialprodukt bedeutet nicht mehr, dass auch die Zahl der angemessen bezahlten Arbeitsplätze wächst. Immer weniger Arbeitskräfte werden immer mehr produzieren. Fraglich ist nur noch, ob die jeweilige politische Führung noch versucht, das untere Drittel – die im hier definierten Sinne Überflüssigen – kommunikativ und sozial in die Gesellschaft einzubinden oder ob dieses Drittel von vornherein ausgegrenzt wird. Die Alternative heißt: Einschluss oder Ausschluss. Alles andere ist edle Illusion oder blanker Betrug, oft genug eine Mischung von beidem."[12]

„Nicht nur die extrem hohe Arbeitslosenquote der Ungelernten, sondern auch die etwa zwei Millionen Arbeitslosen mit abgeschlossener Berufsausbildung lassen die Frage aufkommen, ob die Wirtschaft auf die Arbeitskraft gering qualifizierter Personen überhaupt noch angewiesen ist. Zumindest in ökonomischer Hinsicht scheint kein Zweifel zu bestehen: Es ginge auch ohne sie, sie werden schlichtweg substituiert. Nicht einmal mehr als ausbeutendes Druckmittel in Form einer Reservearmee scheinen sie noch nützlich zu sein."[13]

---

[12] *Glotz, Peter:* Die beschleunigte Gesellschaft. Kulturkämpfe im digitalen Kapitalismus, München 1999, hier S. 126-128.

[13] *Solga, Heike:* Ausbildungslose und die Radikalisierung ihrer Ausgrenzung; in: Bude, Heinz/Willisch, Andreas (Hg.), Das Problem der Exklusion. Ausgegrenzte, Entbehrliche, Überflüssige, Hamburg 2006, S. 121-146, hier S. 121/122.

Die Überflüssigen und Nutzlosen[14]

Es muss begriffen werden, dass dieser Sachverhalt deshalb neuartig und mit den herkömmlichen Begriffen auch der Soziallehre und der Sozialethik nicht mehr fassbar ist, weil die operative Logik des gesellschaftlichen Funktionssystems Wirtschaft und der dieses gesellschaftliche Funktionssystem repräsentierenden Organisationen dazu geführt hat, dass viele Menschen überhaupt nicht mehr benötigt werden.[15] Damit erfährt der Begriff der Benachteiligung eine verschärfende Präzisierung. Es gibt Benachteiligte, die deshalb benachteiligt sind, weil sie gegenüber anderen Bewerbern hintangesetzt werden, grundsätzlich aber noch „im Spiel" sind. Und es gibt Benachteiligte, die benachteiligt sind, weil sie von keinerlei Interesse mehr sind, aus dem Spiel genommen sind. Sie müssen sich gar nicht mehr ausbeuten lassen. Die Wirtschaft kann wachsen, ohne dass sich ihr Status als Überflüssige, Überzählige und Nicht-mehr-Gebrauchte ändert. Auch die Regierungen können ohne ihre Stimmen gewählt werden, und selbst die Reichen können ohne die Ausbeutung dieser Menschen reicher und immer noch reicher werden. Die Überflüssigen sind die wahrhaft Benachteiligten. Sie sind dies auch deshalb, weil ihre Interessen weder organisationsfähig noch konfliktfähig und damit politisch unbeachtlich sind.

---

14 Vgl. *Kronauer, Martin*: Exklusion. Die Gefährdung des Sozialen im hochentwickelten Kapitalismus, Frankfurt 2002.

15 Vgl. *Öchsner, Thomas:* Für immer arbeitslos. Hunderttausende Erwerbslose sind kaum noch vermittelbar, werden nicht mehr benötigt – SZ vom Dienstag, 9.3.2010, S. 5; *Heinsohn, Gunnar:* Hartz IV und die politische Ökonimie. Frankfurter Allgemeine Zeitung vom 15.3.2010, „… von 100 Kindern, die Deutschland benötigt, um nicht weiter zu schrumpfen und zu vergreisen, werden 35 gar nicht erst geboren (…). Von den 65 Kindern, die auf die Welt kommen und zu Jugendlichen heranwachsen, gelten später 15 als nicht ausbildungsreif. Unter den Lehrstellenbewerbern war fast die Hälfte nicht ausbildungsfähig, so der neueste Berufsbildungsbericht der Bundesregierung …"
Vgl. dazu ferner DER SPIEGEL 11/2010: „In den Betten des Prekariats", „Verhütungsmittel für Sozialhilfeempfängerinnen", Vorlage der Senatorin für Arbeit, Frauen, Gesundheit, Jugend und Soziales des Landes Bremen für die Staatliche Deputation für Soziales, Jugend, Senioren und Ausländerintegration vom 15.1.2010.

Zwecks Vermeidung ganz unnötiger und in der Regel diffuser ethischer Erregtheitszustände und Vorwurfshaltungen kann nicht deutlich genug gesagt werden: Die Begriffe Überflüssige/Überzählige/Nicht-mehr-Gebrauchte sind nicht Ergebnis einer Begriffskonstruktion mit hierarchischem Blick, mit dem die so Bezeichneten diffamiert und herabgewürdigt werden sollen; nein, sie sind ohne jeden Bezug auf den Menschen und damit ohne jeden Bezug auf Würde und Wert definiert. Sie bezeichnen nur einen Status in Bezug auf Lohnarbeit. Sie machen eine Distinktion, nämlich die Distinktion zwischen denjenigen einerseits, die trotz Verknappung des Angebots von Lohnarbeit noch Arbeit und gesellschaftliche Teilhabe finden, und denjenigen andererseits, die aus Gründen, die in ihrer Person und/oder in ihren Lebensumständen liegen, in dieser Verteilung keine Berücksichtigung mehr finden und somit auf dem Arbeitsmarkt nicht mehr beachtlich sind. Und es ist dieses Nicht-mehr-beachtlich-Sein, das diesen Menschen ihre gesellschaftliche Platzierung nimmt. Sie haben keinen anerkannten Ort, ohne dass dies bedeuten würde, ohne Würde zu sein. Eine zentrale Frage zukünftiger Sozialpolitik ist deshalb: „Wie können diese Menschen sinnvoll leben, auch wenn sie keinen Arbeitsplatz (mehr) finden?"

Das Gespenst der Nutzlosigkeit ist eine der zentralen Herausforderungen an den Sozialstaat: Was kann er für Menschen, darunter in zunehmendem Maße für Jugendliche tun, die nicht oder nicht mehr gebraucht werden? Wohin sollen diese Menschen integriert werden in einer Gesellschaftsordnung, die – ganz im tradierten Verständnis als Arbeitsgesellschaft – Lebensführung und Lebenssinn auf den Verkauf der eigenen Arbeitskraft reduziert und doch zugleich die Chance, diesem Leitbild gemäß zu leben, mehr und mehr verbaut?

Die Antwort, welche die deutsche Sozialpolitik hierauf gibt, lautet: Hartz IV. Und diese Antwort ist wenig überzeugend und paradox zugleich: Sie ist wenig überzeugend, weil das Arbeitsmarktregime von Hartz IV auf empirisch falschen Prämissen beruht. Es lautet: „Alle sollen sich mehr anstrengen, um im Kampf um die sinkenden Arbeits- und Beschäftigungschancen zu bestehen; wer verliert, ist selbst schuld." Daher ist Hartz IV als Antwort der deutschen Sozialpolitik auf die schwindenden Chancen einer zunehmenden Zahl von (jungen) Menschen, nach dem arbeitsgesellschaftlichen Leitbild tatsächlich auch leben zu können, paradox. Diese Paradoxie liegt darin, dass auf eine Situation schwindender Erwerbsarbeit und sukzessiv steigender Arbeitslosigkeit mit einer verstärkten Fixierung auf Erwerbsarbeit reagiert wird, was zu einer Verschärfung dieser Problemlage führt, dies insbesondere für Jugendliche.

Das Vermittlungsdiktat der Jobcenter, jungen Menschen bis zur Vollendung des 25. Lebensjahres „irgendetwas in jedem Fall anzubieten", führt zu einer vielfach beobachtbaren Konzentration auf Vermittlung im Niedriglohnbereich, auf Vermittlung in nur eingeschränkt qualifizierende oder überhaupt nicht qualifizierende Arbeitsgelegenheiten und zu einer vielfach beobachtbaren Konzentration auf Vermittlung in Beschäftigung mit bestenfalls suboptimalen Ausbildungsmöglichkeiten. Dies alles führt in der Konsequenz häufig zum genauen Gegenteil dessen, was eigentlich erreicht werden soll, nämlich gesellschaftliche Teilhabe durch Arbeit und Qualifikation für Arbeit.

2. Gestaltung zukünftiger Jugendsozialarbeit als Antwort auf prekäre Lebensverhältnisse großer Teile der jungen Generation

Auf dem Hintergrund der skizzierten gesellschaftlichen Lage lautet meine These: Jugendsozialarbeit in der Zukunft ist als parteiliche Jugendsozialarbeit gemäß den Normzwecken aus § 13 Sozialgesetzbuch Achtes Buch (SGB VIII) – Kinder- und Jugendhilfegesetz –, § 16 Sozialgesetzbuch Zweites Buch (SGB II) – Grundsicherung für Arbeitsuchende –, §§ 240 ff., Sozialgesetzbuch Drittes Buch (SGB III) – Arbeitsförderung – und gemäß §§ 3–10 Sozialgesetzbuch Allgemeiner Teil zu konzipieren und zu praktizieren.

> *„‚Man hätte einfach mehr auf mich aufpassen müssen', sagt Jascha, ‚das hätte ich wirklich gebraucht. Aber es war niemand da.' Genau das muss sich ändern (...). Weiter als die Politik sind die Bürger. Viele sind sich der Tatsache bewusst, dass ein Heer von chancenlosen Kindern und Jugendlichen heranwächst, das unsere Gesellschaft in ihrem*

Zusammenhalt bedroht. Sie engagieren sich (...).Oft genug aber wer-
den die Menschen von der Politik alleingelassen, zuweilen sogar als
störend empfunden, weil sie mit ihrem Engagement einen Finger in
die Wunde legen, von der die öffentliche Hand eigentlich nichts wis-
sen will (...)."[16]

„Angst macht dumm. Angst flüchtet sich in Begriffsstutzigkeit. Hel-
fende Erziehung heißt: Den ohnehin schon Kummervollen die Angst
nehmen, die sie hindert, etwas zu begreifen. Und denen, die keinen
Kummer kennen, den Kummer begreiflich zu machen ... Der Ver-
zweifelte sitzt einem verzerrten Zeitverhältnis auf. Er denkt sich das
Werden nicht als Prozess, sondern als sprunghafte Verlängerung des
desolaten Jetzt ins Morgen. Er kann sich die Zukunft nur als Wand
vorstellen, auf der sich die ins Gigantische vergrößerten Bilder einer
perspektivlosen Gegenwart abbilden – einmal Versager, immer Versa-
ger. Traurigkeit und Depression übernehmen die Führung, Verzweif-
lung gebiert Verzweiflung. Helfende Erziehung heißt, dem entgegen-
zuwirken".[17]

Unbestreitbar ist: Will die Jugendarbeit ihrem gesetzlichen Auftrag,
nicht Verwahrung, sondern Ausgleich lebenschancenmindernder Defizite zu sein, auch in Zukunft gerecht werden, so muss sie in zunehmendem Maße Angebote vorhalten, die Jugendliche darauf vorbereiten und sie dazu befähigen, sich den Realitäten des Lebens auch dann
zu stellen, wenn diese besonders unübersichtlich und schwierig werden. Und sie muss Jugendliche auch darauf vorbereiten, mit einem
Lebenslauf „klarzukommen", mit dem es in Zukunft eine dauerhafte
und existenzsichernde Arbeit nicht mehr geben wird.

---

[16] So die Autorin im Schlusskapitel ihres Buches. Vgl. *Kloepfer, Inge:* Auf-
      stand der Unterschicht. Was auf uns zukommt, Hamburg 2008,
      S. 291/292.
[17] *Pennac, Daniel:* Schulkummer ... aber es gibt keinen hoffnungslosen Fall.
      Deutsche Übersetzung, Köln 2009, Einleitung.

Parteiliche Jugendarbeit

Diese unbestreitbaren Rahmenbedingungen erfordern gleichermaßen in methodischer wie in sachlicher Hinsicht eine parteiliche Jugendsozialarbeit. Parteiliche Jugendsozialarbeit heißt nun aber eben nicht, sich zum Tanzmariechen und Unterhalter der Jugendlichen zu machen, „für alles Verständnis zu haben" und den Jugendlichen eine Wohlfühl- und Kuschelatmosphäre im Jugendzentrum zu bieten. Parteiliche Jugendsozialarbeit heißt vielmehr: sich auf Kinder, Jugendliche und junge Erwachsene einzulassen, sowohl auf ihre Beschädigungen, Ängste, Ungewissheiten als auch auf ihre Hoffnungen, Potentiale und Lebensperspektiven. Es gilt, mit ihnen helfend, beobachtend, präsent und das heißt methodisch kontrolliert ein lebenswertes, menschenwürdiges Leben mit dem Ziel der Herstellung einer Normalbiographie zu ersinnen und zu erarbeiten.

Will sich Jugendsozialarbeit unter den gegenwärtigen Rahmenbedingungen und gerade wegen dieser Rahmenbedingungen nicht darauf reduzieren lassen, die Verwahrung überflüssiger junger Menschen zu betreiben, dann muss sie in weitaus stärkerem Maße als bisher effektive Angebote bereitstellen. Effiziente Angebote aber sind unter den biographischen Bedingungen eines großen Teils der Klientel der gegenwärtigen Jugendsozialarbeit nur solche Angebote, in denen Jugendliche mit ihrem beschädigten und gekränkten Leben vorkommen dürfen, indem sie Akzeptanz und die nötige Anerkennung finden. Erst dies ist die Voraussetzung dafür, dass auch Unerreichbare deshalb erreicht werden, weil hier ihre Lebenswelt in Gestalt personenzentrierter, lebensorientierter Beratung und Begleitung ernst genommen wird. Beispiel hierfür ist eine offene Jugendsozialarbeit rund um die Uhr verbunden mit Präsenz und Erreichbarkeit von Fachpersonal rund um die Uhr.

Weit davon entfernt, Tanzmariechen der Jugendlichen zu sein, ist eine parteiliche Jugendsozialarbeit in methodischer wie in sachlicher Hinsicht durch problem- und lebensweltbezogene Maximen der Hilfe zur Lebensbewältigung definiert. Es ist eine Jugendsozialarbeit, die sich an befriedigenderer Lebensentfaltung und Lebensbewältigung orientiert, und das heißt, es ist eine Jugendsozialarbeit, die sich – ohne dabei das Ziel der Normalbiographie aus den Augen zu verlieren – von einer Fixierung auf kompensatorische Zulieferdienste für den ersten Arbeitsmarkt als ausschließlicher Zielperspektive frei macht und neue, unkonventionelle Wege der Erwerbsarbeit selbst erprobt. Es ist eine Jugendsozialarbeit, die berät und unterstützt, ohne die Alternative der Normalbiographie und des ersten Arbeitsmarktes abzuwerten oder auch nur im Geringsten in Frage zu stellen.

Ausgleich sozialer Benachteiligungen

Jugendsozialarbeit wurde einst aus der Einsicht heraus installiert, dass der soziale Wandel der Industriegesellschaft zur Zweiten Moderne gerade Jugendlichen risikoreiche Lebenslagen zumutet, die von ihnen ohne Hilfeangebote nicht bewältigt werden können, die aber – sei es individuell, sei es kollektiv – bewältigt werden müssen, um gesellschaftliche Stabilität zu sichern. Ihr Normzweck „Ausgleich sozialer Benachteiligungen und/oder Überwindung individueller Beeinträchtigungen"[18] ist unmittelbare Folge des Sozialstaatsprinzips, dessen Gestaltungsauftrag den Gesetzgeber verpflichtet, sich um einen „erträglichen Ausgleich der widerstreitenden Interessen und um die Herstellung erträglicher Lebensbedingungen für alle zu bemühen (BVerfGE 1, 97 <105>).

„Das Sozialstaatsprinzip", so das Bundesverfassungsgericht, „ist im besonderen Maße auf einen Ausgleich sozialer Ungleichheiten zwischen den Menschen ausgerichtet und dient zuvörderst der Erhaltung und Sicherheit der menschlichen Würde" (BVerfGE 35, 348 <355 f.>). Sozialer Ausgleich aber bedeutet, positiv gewendet, vor allem die Herstellung von Chancengleichheit. Diese richtet sich über die bereits im allgemeinen Gleichheitssatz enthaltene Chancengleichheit heraus

---

[18]   „Jungen Menschen, die zum Ausgleich sozialer Benachteiligungen oder zur Überwindung individueller Beeinträchtigungen in erhöhtem Maße auf Unterstützung angewiesen sind, sollen im Rahmen der Jugendhilfe sozialpädagogische Hilfen angeboten werden, die ihre schulische und berufliche Ausbildung, Eingliederung in die Arbeitswelt und ihre soziale Interpretation fördern" (§ 13 Abs. 1 Kinder- und Jugendhilfegesetz SGB VIII)

auf die Realisierung faktischer Chancengleichheit. Das Sozialstaatsprinzip verpflichtet den Staat zwar nicht zur Herstellung von Ergeb-
nisgleichheit, wohl aber dazu, faktisch gleiche, das heißt von den
wirtschaftlichen und sozialen Unterschieden innerhalb der Gesellschaft unabhängige Entwicklungschancen zu gewähren.[19] Diese Verpflichtung ist etwa im Hinblick auf den Zugang zu Bildungseinrichtungen von elementarer Bedeutung (BVerfGE 33, 303 <329 ff.>). Der
Sozialstaat ist eben nicht „welfare state", sondern „enabling state".

Aufmerksamkeit für das ganze Leben Jugendlicher

Mit diesem Wandel geht eine Änderung der Erfolgsbedingungen von
Jugendsozialarbeit einher. Zur Aufgabe der Kompensation sozialer
Disparitäten tritt die Aufgabe der Unterstützung von Jugendlichen
und jungen Menschen bei der Herstellung und Sicherung persönlicher
Ressourcen hinzu, was in methodischer Hinsicht beachtliche Folgen
hat. Es bedeutet nämlich, dass Jugendsozialarbeit ihre Angebote nicht
länger dominant an tradierten Zweckbestimmungen ausrichten, ihre
Angebote nicht länger dominant normalitätssichernd an den Mustern
„Normalfamilie" und „Normalarbeitsverhältnis" ausrichten kann.
Denn beide erodieren empirisch wie normativ, und sie sind künftig
weder Garanten sozialer Integration noch Lieferanten von Lebenssinn.

Dies zwingt in zunehmendem Maße zu einem Wechsel auch des
methodischen Paradigmas von Jugendsozialarbeit: Über Familie und
Arbeit hinausgehend müssen Kommunikation, Lebensbewältigung
ohne Familie und auch gegen Familie, Lebensbewältigung ohne Beruf
und Arbeit als angemessene, individuell zu entwickelnde Lebensfor-
men Gültigkeit beanspruchen dürfen und die methodische Bearbei-
tung damit verbundener Risiken und Krisen muss nicht nur zum
Thema der Jugendsozialarbeit, sondern – und sehr viel wichtiger! –
zur Grundlage der Formatierung ihrer Angebote werden.

---

[19] *Herzog, Roman,* Kommentar zu Art 20, Abschnitt VIII, Randnummer 37,
     in: Maunz/Düring, Kommentar zum Grundgesetz, hier, 40.

Und eben dies setzt voraus, dass Jugendsozialarbeit sich zum Zwecke der Vermeidung der Entstehung eines gesellschaftlichen Bodensatzes Ausgegrenzter ihre Angebote dominant für diejenigen Jugendlichen und jungen Erwachsenen öffnet, die die Schattenseiten der Individualisierung bereits am eigenen Leibe erfahren haben und die bereits Teil der Verliererpopulation der Zweiten Moderne geworden sind. So kann verhindert werden, dass marginalisierte Jugendliche aus einem negativen Lebensgefühl heraus, das durch verweigerte Anerkennung und damit einhergehender Verletzung ihres Selbstwertgefühls entstanden ist, sich extremistischen politischen Orientierungsmustern zuwenden und eine latente, gleichwohl stets virulente Gewaltbereitschaft entwickeln.

Dafür aber ist eine Jugendsozialarbeit erforderlich, deren Selbstverständnis weit über eine sozialtechnologische Reparaturmentalität hinausgeht. Es ist eine Jugendsozialarbeit von Nöten, die in der Lage ist, Jugendliche und junge Menschen mit methodisch geschulter Aufmerksamkeit zu begleiten und auf der Grundlage dieser Diagnose qualifiziert zu beraten, biographiesensibel zu begleiten und dadurch zu befähigen, ein höheres Maß an Kontrolle über ihr eigenes Leben zu erlangen.

In der kompetenten, aufmerksamen und sachlich wie politisch gleichermaßen rechenschaftsfähigen Ausführung dieser Leistungen gewinnt Jugendsozialarbeit eine über den Einzelfall und über den Tag hinausgehende sozialpolitische Bedeutung. Es handelt sich hier um eine kulturelle Leistung. Diese erfordert nicht in erster Linie moralisches Engagement, sondern ein klares Profil in Gestalt wertgestützter Ziele und Handlungsprogramme. Eine so wertgebundene Jugendsozialarbeit tritt Jugendlichen nicht moralisierend und auch nicht pädagogisierend gegenüber, sondern nimmt sie selbst und ihre Probleme verstehend auf und an, bietet ihnen aber zugleich vor dem Hintergrund ihrer biographischen Erfahrungen für sie selbst verstehbare Anschlussmöglichkeiten in Arbeit und Gesellschaft.

Nur dort, wo Jugendsozialarbeit sich auf die Aufgabe einlässt, Beratung, Begleitung und Information anzubieten sowie Gemeinschaft, Kommunikation und Solidarität subsidiär zu inszenieren (und als erwartbaren Bestand insbesondere dort verlässlich bereitzustellen,

wo diese ansonsten vermisst werden!), nur dort hat Jugendsozialarbeit nicht nur eine Chance, sondern sie gewinnt an gesellschaftlicher
und politischer Bedeutung. Denn sie erarbeitet realitätskonforme
Antworten auf eine Jugendnot, die über die Dringlichkeiten einer
vorwiegend materiell definierten Jugendnot weiter hinausgeht.

Ganzheitliche, lebensweltliche Jugendhilfe

Soll für die Zukunft eine Verschärfung der systemischen Ausgrenzung sozial benachteiligter und/oder individuell beeinträchtigter Jugendlicher und junger Menschen aus gesellschaftlicher Teilhabe und
die Diffamierung und Herabwürdigung der Ausgegrenzten vermie-
den werden, ist eine *ganzheitliche lebensweltliche Jugendhilfe und Jugendsozialarbeit* erforderlich:

1. Jugendsozialarbeit darf ihre Aufmerksamkeit nicht mehr vor-
    wiegend auf Strukturen richten, sondern sie hat sich tatsächlich
    und überwiegend mit der Lebenssituation von Kindern und Ju-
    gendlichen zu befassen. Der entscheidende Ansatzpunkt dieser
    Jugendsozialarbeit hat darin zu liegen, den Ausgegrenzten, Aus-
    geschlossenen und Vergessenen das zurückzugeben, was man
    emphatisch ihre Würde nennen könnte. Weniger emphatisch
    ausgedrückt geht es darum, Kinder und Jugendliche in ihrer
    konkreten Existenz anzuerkennen, dies nicht zuletzt deshalb, um
    eine der zentralen Kategorien der bürgerlichen Gesellschaft selbst
    zu restituieren. Anerkennung bedeutet, diesen Kindern und die-
    sen Jugendlichen eine Subjektivität zu bewahren, die diesen Na-
    men verdient. Voraussetzung hierfür ist, diese Kinder und diese
    Jugendlichen zu befähigen, Sorge um sich selbst haben zu kön-
    nen und zur Ausübung dieser Sorge fähig zu sein. Anerkennung
    bedeutet auch, diesen Kindern und diesen Jugendlichen über-
    haupt ein Sprechen zu ermöglichen.

2. Jugendsozialarbeit muss für Ausgegrenzte Räume schaffen, in
    welchen sie wenigstens für sich selbst sichtbar werden. Das heißt:
    Jugendsozialarbeit muss den Ausgegrenzten durch Bereitstellung
    von Orten Möglichkeiten des Lebens und Lernens schaffen.

3. Jugendsozialarbeit muss sich bei alledem vergegenwärtigen, dass den Ausgegrenzten und Desintegrierten vor allem eines fehlt: Anerkennung und Achtung – sowie Bildung. Dies bedeutet, dass die Aufgabe der Jugendsozialarbeit in der Initiierung und Förderung eines sehr tiefgreifenden pädagogischen Geschehens liegt. Es geht um eine Erziehung, die Bildung, Sprache, zumindest aber Selbstermächtigung ermöglicht.

4. Diese Zielperspektive verändert die Jugendsozialarbeit und Jugendhilfe. Sie muss vielfältige, breit gefächerte Angebote bereitstellen. Insbesondere sind dies:

- Ganzheitliche Förderangebote schulischer und beruflicher Art, die zugleich defizitorientiert und ermutigungsorientiert sind: Sie müssen die Defizite benennen, aber an dem ansetzen, „was noch da ist". Sie müssen Begleitung in allen Lebenslagen, dauerhafte Präsenz und Beobachtung gewährleisten, dies bei gleichzeitiger erleichterter Ansprechbarkeit und Bereitschaft, sich tatsächlich auch ansprechen zu lassen. Die Leistungsangebote müssen die Maßnahmeträger, die Einrichtungen, die Arbeitsplatzgelegenheiten und die Ausbildungsbetriebe vernetzen. Unverzichtbar für diese Klientel ist dabei das Angebot einer Präsenz über 24 Stunden, in dem Krisenintervention und kurzzeitige Wohnungsangebote eingeschlossen sind.

- Begleitung, Beratung samt bedingungsloser sachlicher und personaler Hilfeversprechen bei gleichzeitiger Setzung und Kontrolle von Verhaltensstandards: Jugendsozialarbeit kann kein „Verständnis für alles" haben, was heißt: Verdeutlichung der Grenzen der Akzeptanz bei gleichzeitigem Arbeiten mit Verboten, aber auch mit Versöhnungsmöglichkeiten und Versöhnungsangeboten.

- Vermittlung von Werten, vor allem Demokratie- und Akzeptanzwerten in Verbindung mit der systematischen und kontinuierlichen Befähigung zu Alltags- und Lebensbewältigung unter Anerkennung der bürgerlichen Rechts- und Sozialordnung.

- Nachgehende und aufsuchende Arbeit, die Geduld, Hingabe und Interesse an jedem Einzelnen beweist und so Vertrauen schafft. Jugendsozialarbeit soll einerseits Zugehörigkeitsverlangen befriedigen bzw. neu entstehen lassen, sie muss aber andererseits dann auch Zugehörigkeitsgefühlen und damit dem Wunsch, bleiben zu dürfen, gerecht werden. Sie soll Orte schaffen, an denen man etwas wert ist und etwas gilt - aber bei gleichzeitiger Bindung dieser emotionalen und sachlichen Vorteile an die Akzeptanz der Werte Demokratie, Toleranz, Gewaltfreiheit. Jugendsozialarbeit soll zu Respekt vor der Person des Anderen, vor seinen Rechten und Bedürfnissen hinführen. Sie soll dazu beitragen, eine gewaltfreie, an Aushandlung gebundene Durchsetzung legitimer und als legitim auszuweisender eigener Interessen als Grundlage jeder zivilgesellschaftlichen und damit auch demokratischen Gesellschaftsfähigkeit zu erlernen.

- Verbindung der Jugendsozialarbeit mit dem Angebot einer Verbesserung des eigenen Lebens durch aktivierende Hilfen und reale Berufsausbildung.

- Freizeitgestaltungsangebote – Geselligkeit und Gesellung – in Verbindung mit der Möglichkeit gruppengebundener Erlebnisangebote als Grundlage für die Entwicklung gemeinsamer Interessen und tragfähiger Beziehungen als Grundlage einer emotionalen Bindung – dies verbunden mit Rückzugs- und Bleibemöglichkeiten jenseits dessen, was man sonst noch ist oder eben nicht ist und worum man nur selbst und – auch dies ist in Rechnung zu stellen – möglicherweise nur Gott weiß.

Praktisches Gotteszeugnis

Die offene Jugend(sozial)arbeit als kirchliche Sozialform

Martin Lechner

Die offene Jugend(sozial)arbeit ist ein Feld kirchlichen Engagements, das man gewöhnlich nicht zu den Kernaufgaben der kirchlichen Seelsorge bzw. Pastoral zählt. Ich behaupte sogar, dass diese spezifische Form von pädagogischer Arbeit mit Kindern und Jugendlichen in den Augen vieler Kirchenverantwortlicher und Mitarbeiter/-innen in der Seelsorge so gut wie nicht wahrgenommen und daher auch in seiner Bedeutung für die Verkündigung der Gottesbotschaft nicht erkannt wird. Für sie liegen die notwendigen jugendpastoralen Schwerpunkte einer missionarischen Kirche klarer auf der Hand: in jugendgemäßen liturgischen Feiern, in der Verkündigungs- und religiösen Bildungsarbeit, im schulischen Religionsunterricht und der Schulpastoral, in einer intensiven Erstkommunion- und Firmvorbereitung, in der Projektierung von Jugendkirchen, in Jugendwallfahrten und religiösen Events, in spirituellen Events verbandlicher Jugendarbeit. Von solcher Wahrnehmung geleitet, wollen die folgenden Überlegungen dazu beitragen, die offene Jugend(sozial)arbeit als pastorales Praxisfeld aufzuwerten und pastoraltheologisch ins rechte Licht zu rücken.

1. Systemische Sehschwäche

Die pastorale Marginalisierung sozial-caritativer Aktivitäten der Kirche insgesamt und somit auch die der gesamten kirchlichen Jugend(sozial)arbeit resultiert meines Erachtens aus der fehlenden originären Erfahrung der so genannten „pastoralen Berufsgruppe" in der Unternehmenssparte „Jugendhilfe" und aus einem systemisch bedingten Tunnelblick, der den Wahrnehmungs- und Handlungshorizont auf die pastoralen/seelsorglichen, d.h. explizit religiös konnotierten Aktivitäten verengt. Die sozial-caritativen Tätigkeiten hingegen werden dann leicht als „Vorfeld des Eigentlichen" kategorisiert, ihre essentielle Rolle für die Verkündigung des Glaubens bleibt unbedacht, ebenso die „pastorale" Identität der in diesen Feldern kirchlichen Engagements tätigen Sozialberufe. Das alles beweist wiederum: Die altbekannte Kluft zwischen einer Pastoralkirche und einer Sozialkirche, die von R.K.W. Schmidt treffend als „Zweitstruktur von Kirche" bezeichnet wird, ist noch lange nicht überwunden.

Wie sehr diese heimliche Auslagerung der Caritas aus der Kirche im Alltagsdenken und im wissenschaftlichen Reflektieren noch verwurzelt ist, zeigt sich an vielen Stellen. Ohne ins Detail zu gehen, möchte ich nur auf die derzeit vieldiskutierte Studie „Kirchliche und religiöse Orientierungen in den deutschen Sinus-Milieus 2005" verweisen. Hier wird behauptet, die Kirche leide unter einer „milieuverengten Kommunikation" und erreiche mit ihren Aktivitäten im Höchstfall noch drei von zehn Milieus unserer Gesellschaft. So richtig dies aus der Perspektive der Gemeindepastoral sein mag, aus der Perspektive der kirchlichen Caritas trifft diese These nicht zu. Die genannte Argumentation blendet nämlich die Aktivitäten all jener Organisationen aus, die unter dem „Firmenschild Kirche" im sozialen Sektor der Gesellschaft agieren. Denkt man nur an die Kindertageseinrichtungen in kirchlicher Trägerschaft, an die differenzierten Einrichtungen der katholischen Jugend(sozial)arbeit und Jugendfürsorge, an die vielfältigen Hilfeformen katholischer Einrichtungen und Dienste der Hilfen zur Erziehung oder eben an die offene Jugend-(sozial)arbeit, dann wird schnell klar, dass die Kirche viel breiter wirkt als es eine spirituell verengte, der so genannten „Erststruktur" von Kirche verhaftete Wahrnehmungsperspektive der Sinusforscher und –interpreten glaubhaft machen will.

2. Offene Jugend(sozial)arbeit – eine kirchliche Sozialform mit einer spezifischen Leistung

Die offene Jugend(sozial)arbeit ist nicht bloß eine Sekundärstuktur von Kirche, sondern sie ist eine Sozialform von Kirche. Nach soziologischer Auskunft sind Sozialformen „Vehikel mit bestimmten eingebauten Stärken"[1]. Events etwa zielen auf Erlebnis, Pilgern ermöglicht

---

[1]   Vgl. *M. Sellmann,* Von der „Gruppe" zum „Netzwerk", in: Anzeiger für die Seelsorge H. 3/2010, 19-23, hier 23.

Selbstbesinnung und spirituelle Erfahrung, Gruppen sind auf verläss-liche Beziehungen angelegt, Netzwerke auf Selbstorganisation, Ver-bände auf die Kommunikation und Vertretung von Interessen, soziale Einrichtungen und Dienstleistungen auf Hilfe und Problemlösung.

Überträgt man dieses Konzept auf die katholische Jugend-(sozial)arbeit, dann wird deutlich, dass deren Leistung als kirchliche Sozialform darin besteht, die voraussetzungslose und unbegrenzte Liebe Gottes in der Tat – nicht im Wort! – zu bezeugen. Von der Güte und Menschenfreundlichkeit Gottes mittels professioneller Dienstleistungen und mitmenschlicher Solidarität Kunde zu geben, das ist ihr Beitrag zur Sendung der Kirche. Die offene Jugend(sozial)arbeit – in persona ihrer Mitarbeiter/-innen – ist nicht für die Katechese von jungen Menschen, auch nicht für deren Bekehrung und Kirchenbindung zuständig. Sie erweist sich für Gott und die Kirche vielmehr darin „als Werkzeug" nützlich, dass sie nicht auf die Konfession sieht, sondern auf die Not der Kinder- und Jugendlichen praktisch antwortet, die ihre Hilfe suchen. Ihre Stärke als kirchliche Sozialform ist es, jungen Menschen ohne Vorbedingungen und Vorleistungen zu begegnen, sie fachlich qualifiziert zu behandeln und mehr als das: sie in ausweglosen Krisen nicht hängen zu lassen, mit ihnen um Lösungen zu ringen, Wege der Hoffnung zu eröffnen, sie aufzurichten, ihnen einen Namen und eine Würde zu geben, gerade auch jenen, die durch alle sozialen Netze gefallenen sind und auf die keiner mehr einen Cent wettet! Auch wenn diese Arbeit im profanen Gewand daher-kommt, wenn in ihr der Name „Gott" oder „Jesus" nicht fällt und keine religiöse Übung platziert wird, so ist sie doch höchst „gottesver-dächtig". Denn wo sich Menschen in solcher Begegnungspraxis als angenommen, erwünscht, respektiert, ja als unbedingt geliebt erfahren, dort können sie auch das „begreifen", was Christen über ihren Gott behaupten: dass er Menschen voraussetzungslos bejaht, respek-tiert und liebt. Das ist praktisches Gotteszeugnis!

In diesem theologischen Sinn sind Einrichtungen der offenen Jugend(sozial)arbeit Zeichen und Werkzeug der Liebe Gottes. Das ist ihre Form kirchlicher Mission. Denn sie treffen auf jene Jugendlichen, die nach Auskunft der Sinus-Milieustudie nicht von der Kirche er-reicht werden. In einer neueren Untersuchung in einer kirchlichen

Einrichtung der offenen Tür in einer rheinischen Großstadt, die im Rahmen einer sozialpastoralen Diplomarbeit durchgeführt wurde, wird konkret greifbar:[2]

- Die Einrichtung liegt in einem so genannten sozialen Brennpunkt. Das Stadtbild ist geprägt durch Schmutz auf Straßen, Farbschmierereien und demolierte Bushaltestellen. Telefonzellen werden nach Auskunft der Telekom aus Gründen des ständigen Vandalismus nicht mehr aufgebaut. Lärmbelästigung durch Verkehr und Belastung durch Abgase sind unausweichlicher Bestandteil des unattraktiven Lebensraumes.

- Die Besucher/-innen der Einrichtung sind benachteiligte Jugendliche aus teilweise sehr prekären sozialen Verhältnissen. 75,9% der befragten Jugendlichen sind in irgendeiner Weise von Arbeitslosigkeit betroffen. Entweder sind ein oder mehrere Familienmitglieder (Vater, Mutter, Geschwister) oder der Jugendliche selbst arbeitslos.

- Ein Großteil der Jugendlichen (80,5%) äußert große Zukunftsängste und legt eine resignierende Haltung an den Tag. Dies hängt damit zusammen, dass nur knapp 20% von ihnen einen Schulabschluss erreicht haben bzw. ihn voraussichtlich erreichen werden. 78,8% der Befragten stimmen der Aussage zu, dass sie im Vergleich zu anderen Jugendlichen größere Nachteile und geringere Lebenschancen haben.

- Fast die Hälfte der befragten Jugendlichen (49,45%) wohnt nur mit einem Elternteil. 21,8% leben mit beiden Elternteilen zusammen, darunter vor allem Jugendliche aus muslimischen Familien.[3] Der Rest (ca. 30%) wächst quasi ohne leibliche Fa-

---

2   Vgl. dazu L. *Wagner,* Der Dialog zwischen benachteiligten Jugendlichen und der Kirche als locus theologicus. Theologische Diplomarbeit, Benediktbeuern 2008, bes. 22-33.

3   ¾ jener Jugendlichen, die mit beiden Elternteilen zusammenleben, sind muslimischen Glaubens. Dies belegt, dass Familien mit Migrationshintergrund bzw. mit einer Minoritätsreligion eine weitaus höhere Stabilität aufweisen als eingesessene Familien mit zumeist christlichem Hintergrund.

milie auf. 13,8% gaben an, von Gewalt in der Familie betroffen zu sein.

- 52% der Jugendlichen, die im Rahmen der Untersuchung interviewt wurden, gaben an, bereits Erfahrungen mit der Polizei gemacht zu haben. 29,9% standen bereits ein- oder mehrmals vor Gericht.

- Mit Schulden kämpfen ebenfalls 30% der Jugendlichen, die diese offene Tür besuchen. 26,5% haben Probleme mit Alkohol, 20,7% mit Drogen – oder auch mit beidem.

- Hinsichtlich der konfessionellen Orientierung ergibt sich ein höchst plurales Bild. 31% der Befragten sind katholisch, 5,7% evangelisch, 4,6% orthodox, 2,3% jüdisch, 27,6% muslimisch und 12,6% konfessionslos. 16,1% konnten oder wollten keine Angaben zu ihrer religiösen Orientierung machen!

- Hinsichtlich der persönlichen Religiosität ist auffallend, dass die Jugendlichen, die einer Minoritätsreligion angehören, in weit höherem Maße ihren Glauben persönlich und gemeinschaftlich ausüben als diejenigen, die einer der Majoritätskonfessionen angehören.

Eine offene Jugend(sozial)arbeit der Kirche, die sich in solchen Situationen engagiert, kann man als einen Ort verstehen, an dem die Kirche mit Gott in Berührung kommt und neu lernen kann, Gott zu bezeugen und auf ungewohnte Art zur Sprache zu bringen – und sei es auch „nur" im Verstummen, d.h. im „stillen Zeugnis" diakonischer Hilfe. Mit ihrer sozialarbeiterischen Zuwendung zu diesen Jugendlichen auf der Basis des Glaubens an Jesus Christus leistet die Sozialform „offene Jugendarbeit" einen elementaren und unverzichtbaren Beitrag dazu, dass „Gravuren des Christlichen" (H. Keul) in das Leben dieser jungen Menschen „eingebrannt" werden und sie die Liebe, die Gott ist, spüren können.

3. Die Enzyklika „Deus caritas est" – Eine Steilvorlage für eine diakonisch qualifizierte offene Jugend-(sozial)arbeit

Für das Anliegen einer so gearteten offenen Jugend(sozial)arbeit konnte und musste man bisher auf den Würzburger Synodenbeschluss „Ziele und Aufgaben kirchlicher Jugendarbeit" zurückgreifen. Er ist mittlerweile zwar in die Jahre gekommen, aber sein Ansatz und seine Kernbotschaft sind nach wie vor hoch aktuell: Kirchliche Jugendarbeit sei – so formulierte man damals – Diakonie, ein Dienst der Kirche an allen Jugendlichen und an der Jugend der Kirche. Dieser Dienst ist darauf angelegt, für junge Menschen wie für junge Christen Räume und Lernfelder bereitzustellen, in denen diese „Leben zu erfahren, zu verstehen und zu gestalten lernen" können. In ihrer Jugendarbeit geht es der Kirche also nicht um die institutionelle Selbsterhaltung oder andere sekundäre Selbstinteressen. Ihr Anliegen ist vielmehr ein selbstloser, d.h. ein „geschäftsinteresseloser" Dienst an der Subjektwerdung junger Menschen, der auch die Gestaltung der gesellschaftlichen Bedingungen des Aufwachsens umfasst. Die Mittel und Wege dafür sind nicht, wie dies heute im Trend liegt, effiziente Dienstleistungen, faszinierende Events und attraktive Programme. Eine Pastoral, respektive eine Jugendpastoral, die es mit dem sensiblen Gegenstand „Leben junger Menschen" zu tun hat, muss eine ganz andere Aktionsform wählen: die der Begegnung, der Kommunikation, des Dialogs, der Gemeinschaft. Diese kommunikative Qualität von Jugendpastoral hat nicht nur in der Art und Weise ihr Vorbild, wie sich Gott in Jesus Christus uns Menschen zuwendet und mit uns umgeht, sie ist auch Ort und Form der Bezeugung der Frohen Botschaft gegenüber jungen Menschen. Diese von Jesus her „genormte" (und daher nicht beliebige!) Praxis hat der Synodenbeschluss im Konzept des „personalen Angebots" beschrieben. Bis heute sind daran keine Abstriche zu machen.

Seit gut vier Jahren besitzen wir nun aber in der Enzyklika „Deus caritas est" von Papst Benedikt XVI. einen lehramtlichen Text, der den diakonischen Ansatz des Synodenbeschlusses theologisch untermauert und ihm somit seine Aktualität bescheinigt. An vier Aspekten möchte ich dies verdeutlichen:

- Erstens erinnert der Papst an die Diakonie als Grundform christlicher Existenz und als kirchlichen Grundvollzug. Der „Dienst der Liebe" sei für die Kirche genau so existentiell wie die Verkündigung von Gottes Wort (kerygma-martyria) und die Feier der Sakramente (leiturgia). Alle drei Grundwirkweisen von Kirche bedingten sich gegenseitig und ließen sich nicht voneinander trennen. Die Kirche dürfe daher die Liebestätigkeit nicht „als eine Art Wohlfahrtstätigkeit" abschätzig betrachten, sie gehöre vielmehr „zu ihrem Wesen, ist unverzichtbarer Wesensausdruck ihrer selbst" (DC 25a). Entsprechend schärft der Papst den Bischöfen „die Pflicht zu caritativem Tun als Wesensauftrag der Kirche im Ganzen und des Bischofs in seiner Diözese" ein (DC 32).

- Zweitens unterstreicht der Papst die Diakonie als einen selbstlosen Dienst der Kirche. „Praktizierte Nächstenliebe", so schreibt er, werde nicht getan, „um damit andere Ziele zu erreichen", etwa die Gewinnung von Menschen für die eigene Konfession („Proselytismus"). Die christliche Liebestätigkeit sei „zunächst einfach die Antwort auf das, was in einer konkreten Situation unmittelbar Not tut" (DC 31a). Liebe ist „umsonst", was nicht bedeutet, dass man deshalb „Gott und Christus beiseite lassen müsste". Wer diakonisch tätig ist, der weiß, „wann es recht ist von Gott zu reden, und wann es recht ist, von ihm zu schweigen und nur einfach die Liebe sprechen zu lassen. Er weiß, dass Gott Liebe ist (vgl. 1 Joh 4,8) und gerade dann gegenwärtig, wenn nichts als Liebe getan wird" (DC 31c).

- Dieser letzte Satz verweist nun schon auf einen dritten Aspekt des päpstlichen Schreibens zur Caritas: auf die kerygmatische Qualität diakonischer Praxis, wie sie dem jugendpastoralen Konzept des „Personalen Angebots" innewohnt, und wie es auch im Würzburger Synodenbeschluss zur Jugendarbeit beschrieben ist. Die diakonische Tätigkeit als „Zeugnis ohne Worte" ist, so schrieb Papst Paul VI. in Evangelii nuntiandi (1975) „bereits stille, aber sehr kraftvolle und wirksame Verkündigung der Frohbotschaft". Papst Benedikt XVI. schließt daran an, wenn er alle kirchlichen Mitarbeiter, also auch die

Sozialberufe, auffordert, zusammen mit dem Bischof dafür zu arbeiten, „dass sich die Liebe Gottes in der Welt ausbreitet". Jede/r soll „durch sein Teilnehmen am Liebestun der Kirche Zeuge Gottes und Christi sein und gerade darum absichtslos den Menschen Gutes tun" (DC 33). Der Papst wünscht sich daher von jenen, die im Bereich der Caritas tätig sind, „neben und mit der beruflichen Bildung vor allem Herzensbildung", die aus „der Begegnung mit Gott in Jesus Christus" kommt (DC 31a). Denn nur so geformt können sie „durch ihr Tun wie durch ihr Reden, ihr Schweigen, ihr Beispiel glaubwürdige Zeugen Christi werden" (DC 31c).

- Einen vierten Aspekt, der mit dem eben Gesagten zusammenhängt, lässt der Papst erfreulicherweise nicht außen vor. In Erinnerung an die Wahl der sieben Männer für den „Dienst an den Tischen" (Apg 6,5-6) spricht er davon, dass deren „Sozialdienst ... ein ganz konkreter, aber zugleich durchaus geistlicher Dienst und ihr Amt daher ein wirklich geistliches Amt" gewesen sei. Übertragen auf heute muss man diese Passage sicherlich als eine Aufwertung des Ständigen Diakonates verstehen. Man könnte sie aber auch, wie ich es tue, als eine theologische und ekklesiologische Identifizierung der kirchlichen Sozialberufe lesen. Deren Arbeit ist nicht nur ein pädagogischer Fachdienst, sondern als solcher ein für die Verkündigung der Frohen Botschaft unverzichtbarer Dienst. Daher wäre es ein deutliches Zeichen gewesen, hätte der Papst bei der Adressierung seines Schreibens auch die soziale Berufsgruppe im kirchlichen Dienst erwähnt.[4]

---

[4]   Die Enzyklika wird „an die Bischöfe, an die Priester und Diakone, an die gottgeweihten Personen und an alle Christgläubigen" gerichtet. Angesichts von 500.000 in Deutschland hauptberuflich in der Caritas Tätigen wäre eine Erwähnung der Sozialberufe höchst angezeigt gewesen, da diese Berufsgruppe sich von „allen Christgläubigen" durch ihren Dienstvertrag doch erheblich unterscheidet. Holt hier den Papst vielleicht doch die erwähnte caritative Sehschwäche ein?

4. „Indem wir erziehen, evangelisieren wir" – Die pastorale Qualität der offenen Jugend(sozial)- arbeit

Auf der Basis des bisher Gesagten können wir nun versuchen, die notwendige Qualität der offenen Jugend(sozial)arbeit zu skizzieren. Was sind die Eckpfeiler dieser Qualität, die nötig ist, damit diese Sozialform von Kirche ein glaubwürdiges Gotteszeugnis geben kann?

Offenheit: Offene Jugend(sozial)arbeit ist eine spezifische Form des Engagements von Kirche, in der diese sowohl einen gesellschaftlichen Auftrag wahrnimmt als auch eine kirchliche Mission erfüllt: nämlich sich für das Leben junger Menschen zu verausgaben. Die offene Jugend(sozial)arbeit darf sich daher nicht nur auf die gläubigen oder kirchlichen Kinder und Jugendlichen beschränken, sie muss – theologisch begründet(!) – offen sein für alle jungen Menschen, insbesondere für jene in prekären Lebenslagen. Und sie tut, was eben jetzt gerade ansteht bzw. sie setzt an, wo die Kinder- und Jugendlichen stehen! Diese „Offenheit" als Identitäts- und Qualitätsmerkmal ist also nicht nur ein pädagogisches Attribut oder institutionelles Abgrenzungskriterium der offenen Jugend(sozial)arbeit, sondern ein zutiefst theologisches Postulat. Je mehr sie offen ist, desto katholischer = allumfassender ist sie!

Absichtsloser Dienst: Offene Jugend(sozial)arbeit ist „Liebestätigkeit" (Diakonie) der Kirche an den Heranwachsenden. Sie ist „Amorevolezza", wie die salesianische Tradition es formuliert. Dieses schöne italienische Wort (amore volere) trifft genau den Sachverhalt eines absichtslosen, selbstlosen oder geschäftsinteresselosen Dienstes der Kirche an der Jugend. Frei übersetzt bezeichnet es eine Zuneigung, die dem Anderen nichts als Zuwendung schenken will. Solche „schenkende Liebe" (agape), die ganz ohne verkappte Nebenabsichten, ohne störenden Eigennutz und ohne institutionelle Instrumentalisierung auskommt, muss – an Jesu Handeln Maß nehmend – ein Qualitätssiegel offener kirchlicher Jugend(sozial)arbeit sein. Offene Jugend(sozial)arbeit ist daher nicht nur Fachdienst, sondern auch ein Engagement, das von Herzen kommt und zu Herzen geht.

Fachliche und personale Präsenz: Offene Jugend(sozial)arbeit
der Kirche ist ein professionelles Arbeitsfeld, in dem es gilt, wichtigen
staatlichen Vorgaben und pädagogischen Standards gerecht zu werden. Die Tätigkeit in diesem Feld erfordert also eine qualifizierte pädagogische Ausbildung, eine hohe Selbstreflexivität, eine ausgeprägte
Kommunikationsfähigkeit sowie Kreativität und Gespür für entscheidende Situationen. Im Interesse des Dienstes an diversen Lebenslagen
von Jugendlichen und im Interesse des Anspruchs, eine umfassende
Palette von Freizeit-, Beratungs-, Erziehungs- und Bildungsangeboten
bereitzustellen, kann auf eine fundierte Fachlichkeit wie auf eine pro-
filierte Persönlichkeit nicht verzichtet werden. Denn die Jugendlichen
interessiere – so meinen Münchmeier/Böhnisch – nicht so sehr das,
was der/die Professionelle kann; sie interessiere vor allem, „wie
er/sie lebt".

Reflexive Subjektivität: Offene Jugend(sozial)arbeit steht im
Dienste der individuellen und sozialen Entwicklung von Kindern und
Jugendlichen. Dieser gesetzlich vorgegebene pädagogische Auftrag
findet in den kirchlichen Vorgaben durchaus seine Entsprechung.
Wenn die Kirche sich jungen Menschen zuwendet, dann geschieht
dies in der Absicht, vom Glauben an Jesus Christus inspiriert etwas
Entscheidendes zu ihrer Subjektwerdung beizutragen (vgl. Synodenbeschluss 1975: „Selbstverwirklichung, die an Jesus Christus Maß
nimmt"). Für ein Leben in einer „fluiden Gesellschaft" (H. Keupp)[5]
scheint es dringlicher denn je, jungen Menschen eine Förderung und
Bildung zukommen zu lassen, die sie in die Lage versetzt, den komplexen und oft widersprüchlichen Anforderungen einer „egotakti-
schen Lebensführung" (Shell Jugendstudie 2002) gerecht werden zu
können. Die Herausbildung einer reflexiven Subjektivität als funda-
mentale Lebensführungskompetenz ist daher ein Gebot der Stunde,
dem sich auch eine offene Jugend(sozial)arbeit der Kirche mit guten
Gründen verpflichtet fühlen kann. Zu dieser Aufgabe gehört sachge-
mäß auch der sozialpolitische Einsatz der Kirche für die Herstellung

---

[5]   Vgl. *H. Keupp*, Identitätsfindung im bürgerschaftlichen Engagement, in:
       Th. Möltgen (Hg.), Ehrenamt – Qualität und Chance für die soziale Ar-
       beit, Kevelaer 2006, 78-101, hier 86 ff.

von Lebensbedingungen, die eine solche Subjektwerdung in intersubjektiver Solidarität ermöglichen.

Zeugnis von Gott: Wenn die offene Jugend(sozial)arbeit glaubwürdig diesen diakonischen Einsatz für das Leben von Jugendlichen leistet, dann kann sie auch damit rechnen, dass dieser Einsatz einen Mehrwert hat: Er bezeugt die Liebe Gottes. Das ist keine billige spirituelle Garnierung sozialer Tätigkeit, sondern tiefe theologische Überzeugung. Denn „die Liebe in ihrer Reinheit und Absichtslosigkeit (ist) das beste Zeugnis für den Gott (...), dem wir glauben und der uns zur Liebe treibt." Das vierte Qualitätssiegel der offenen Jugend(sozial)arbeit ist also, dass sie eine „Arbeit aus Glauben" ist, die eine „Arbeit zum Glauben" werden kann.

Pastorale Arbeit: Insofern die offene Jugend(sozial)arbeit von Christen – auch in ihrer ganz profanen Gestalt – unausweichlich mit Gott zu tun hat, gehört sie auch ganz hinein in die Mission der Kirche, die man für gewöhnlich als Pastoral/Seelsorge bezeichnet. Wenn Pastoral nicht mehr die Versorgung von Laien durch Priester bezeichnet, sondern „eine Handlung der Kirche selbst im Zeugnis ihrer Mitglieder" (E. Klinger), dann kann nur mit Nachdruck betont werden: Auch die Tätigkeit von Sozialberufen und die soziale Arbeit der Kirche sind eine pastorale Tätigkeit. Was sie tun ist Kommunikation des Evangeliums auf ihre spezifische, diakonische Art und Weise.

Von daher schließt sich der Kreis: Die offene Jugend(sozial)arbeit ist kein Vorfeld der Pastoral. Sie gehört als diakonische Sozialform zum pastoralen Kernauftrag der Kirche. Aber sie gehört dazu nicht erst, wenn sie explizit von Gott redet, sondern wenn sie das tut, was sie gut kann: offene Jugend(sozial)arbeit zu gestalten! Das praktische Gotteszeugnis ist ihre Mission.

Jugendhilfe im Umbruch – Praxisbeispiele

Projektpartner

Im Rahmen des Symposiums stellten die am Projekt „Aufwind" beteiligten Einrichtungen gelungene Beispiele aus ihrer Praxis vor. Im Folgenden werden zum Teil der Verlauf des Workshops und die Ergebnisse der Diskussion, zum Teil nur die Projekte vorgestellt.

Insgesamt wird deutlich, dass die Einrichtungen gezwungen sind, kreative Angebote nahe an den Bedürfnissen der jungen Menschen zu machen, um deren diversen Notlagen vor Ort gerecht zu werden. Dabei überschneiden sich Formen und Methoden der verschiedenen Handlungsfelder: offene Jugendarbeit, Jugendsozialarbeit, Migrationsarbeit, offene Aktivierung, Schulsozialarbeit, Jugendhilfe, Beratung, Tafelarbeit u.v.m.

1. „Unter einem Dach": schnelle, flexible und unbürokratische Hilfen – Don Bosco Haus Chemnitz

Claudia Wiebach (Leiterin) und Robert Rainer (SDB)

Die Salesianer Don Boscos und ihre Mitarbeiter/-innen verstehen sich als Partner und Anwälte für Kinder, Jugendliche und Familien. Wir sind seit 1992 im Chemnitzer Stadtteil Sonnenberg in der Jugendhilfe tätig. Unsere Arbeit ist ausgerichtet auf junge Menschen, die wegen ihrer wirtschaftlichen, sozialen und kulturellen, aber auch wegen ihrer affektiven, moralischen und spirituellen Handicaps geringe Entfaltungsmöglichkeiten haben und am Rande der Gesellschaft leben.

Zur Zeit der Initiierung des „Modellprojekts" gab es im Don Bosco Haus folgende Leistungsangebote:

- Ambulante Hilfen zur Erziehung/fallunspezifische Angebote (§ 27 ff./41 SGB VIII),
- Offene Kinder- und Jugendarbeit (§ 11 SGB VIII),
- Schulsozialarbeit (§ 13 SGB VIII).

In der Praxis unserer Arbeit zeigt sich, dass es von großem Vorteil ist, wenn die verschiedenen Arbeitsbereiche vernetzt miteinander arbeiten. Eine solche Vernetzung erscheint uns auf Grund der sozialräumlichen Bedingungen unserer Tätigkeit geboten. In der besonderen Situation des Stadtteils „Sonnenberg" besteht ein großer Bedarf an einzelfallspezifischen Hilfen, hinzu kommt die Notwendigkeit von Schulsozialarbeit an drei Schulen. Auch das vielseitige Leistungsangebot des Don Bosco Hauses wird stark nachgefragt.

Im Rahmen des Modellprojekts kam es zu folgender Trägerbudgetierung:

- Die Leistungsbereiche bleiben erhalten (Fachcontrolling), werden aber durch flexiblen Personaleinsatz durchlässiger. Die Fachkraft ist mit 2/3 ihrer Arbeitszeit an den eigenen Bereich gebunden und kann 1/3 bereichsübergreifend im Einsatz sein.

- Vorrangig werden Leistungen im Sozialraum Sonnenberg angeboten.

- Initiierung bedarfsgerechter **„fallunspezifischer Angebote"**, welche im Teilbudget über den Bereich Hilfen zur Erziehung (HZE) finanziert werden;

- Das Trägerbudget setzt sich aus zwei Fördertöpfen zusammen:

  ✓ Offene Kinder- und Jugendarbeit nach § 11 SGB VIII 2,0 AE; Schulsozialarbeit nach § 13 SGB VIII 0,75 AE,

  ✓ HZE, Hilfe für junge Volljährige 27 ff., § 41 SGB VIII und fallunspezifische Hilfen 2,25 AE.

Zur Umsetzung des Modellprojektes wurde eine Clearinggruppe mit einem/einer Vertreter/-in aus allen Leistungsbereichen eingerichtet. Diese Gruppe traf sich zweimal wöchentlich, um die individuelle Bedarfslage zu erfassen und bereichsübergreifende maßgeschneiderte Angebote zu initiieren.

Bei den maßgeschneiderten Angeboten ergeben sich beispiels-
weise folgende Kombinationen:

- Integration eines Kindes in das fallunspezifische Angebot
  „niederschwellige Gruppenarbeit" plus Engagement im Zir-
  kusprojekt plus Teilnahme an der Hausaufgabenhilfe der offenen Arbeit;
- Einzelgespräche im Rahmen der offenen Arbeit plus Angebot
  der Schulsozialarbeit;
- Fallunspezifisches Angebot „Befristete Begleitung" plus Teilnahme am wöchentlichen Fußballtraining der offenen Arbeit;
- Fallunspezifisches Angebot Lotsendienst plus Integration in
  den Jugendclub.

Die Aufstellung macht deutlich, dass die Kinder/Jugendlichen, für
die ein fallunspezifisches Angebot gestaltet wird, in der Regel auch
zusätzliche Angebote der offenen Arbeit, der Schulsozialarbeit oder
des Zirkusprojektes wahrnehmen.

Positive Folgen des Projektes:

- flexibler Personaleinsatz,
- Vermeidung bürokratischer Hürden,
- kurzfristiges Reagieren auf individuelle Bedarfe,
- Handlungsspielraum für neue Arbeitsansätze,
- gezielte Nutzung der Ressourcen im Stadtteil,
- Ausweitung präventiver Angebote,
- Stärkung familiärer Ressourcen durch gezielte familienbezo-
  gene Angebote,
- Abbau von Vorbehalten gegenüber Unterstützungsangebo-
  ten.

Die flexiblen Hilfeformen haben sich bereits nach einem Jahr sehr bewährt und sehr positiv ausgewirkt, weil im Vergleich zu einer „klassischen Hilfe zur Erziehung", die eine lange Anbahnungs- und Klä-
rungsphase hat, unmittelbar bei Auftreten eines Problems reagiert
werden kann. Des Weiteren ist die Hemmschwelle, die Familien in

besonderen Lebenssituationen an der Inanspruchnahme „amtlicher" Hilfe hindert, niedriger und die Beziehungsgestaltung gelingt leichter und unbelasteter.

Fazit: Durch das Modellprojekt ergab sich eine Weiterentwicklung des klassischen Jugendhilfespektrums und ein Abbau der „Versäulung" einzelner Angebotsformen. Die Budgetierung sorgt für den effektiven Einsatz der Ressourcen im Don Bosco Haus.

Eine gute Begleitung durch eine Projektgruppe und Prof. Wöhrle ermöglichen eine kontinuierliche fachliche Reflexion und Weiterentwicklung der Angebote „unter einem Dach". Die innovativen Möglichkeiten sind noch lange nicht ausgeschöpft.

2. Mc Donalds als Marketing-„Vorbild" in der offenen Jugend(sozial)arbeit – Villa Lampe Heiligenstadt

Thomas Holzborn (Leiter)

Das Unternehmen McDonalds und die Jugendhilfeeinrichtung Villa Lampe[1] haben mehr gemein, als man auf den ersten Blick vermuten würde.

Mag es auch erst einmal verwegen klingen, ein Unternehmen wie McDonalds mit Jugendhilfeeinrichtungen in Verbindung zu bringen und sich von den Marketingstrategien eines markt- und gewinnorientierten Unternehmens Anregungen für die offene Kinder- und Jugendarbeit einer gemeinnützigen Non-Profit-Organisation holen zu wollen – doch ein unvoreingenommener zweiter Blick zeigt, dass dies gar nicht so abwegig ist! Denn bei aller Unterschiedlichkeit konnten in zahllosen Feldversuchen eine Reihe überraschender und interessanter Anknüpfungspunkte und Gemeinsamkeiten festgestellt werden.

---

[1] Die Villa Lampe gGmbH – soziales Netzwerk für junge Menschen – ist eine anerkannte Jugendhilfeeinrichtung im Landkreis Eichsfeld/Thüringen mit aktuell 35 hauptamtlichen und etwa 100 ehrenamtlichen Mitarbeitern in Trägerschaft des Bistums Erfurt und der Ordensgemeinschaft der Salesianer Don Boscos. Neben mehr als 20 Einrichtungen der offenen Kinder- und Jugendarbeit ist die Villa Lampe in den Feldern Schulsozialarbeit, Jugendmigrationsarbeit und Kinder- und Jugendschutzdienst tätig.

Was macht McDonalds so spannend? **Der Erfolg(!)** gerade bei der für die offene Kinder- und Jugendarbeit relevanten Altersgruppe der 12- bis 18-Jährigen. Zunächst einige grundlegende Annahmen zum Sozialmarketing und den Besonderheiten für ein Marketing in Non-Profit-Organisationen. Ganz allgemein lassen sich für ein Sozialmarketing in der offenen Kinder- und Jugendarbeit folgende Ziele formulieren:

1. **Zielgruppengewinnung und -bindung** sind das Hauptziel des Sozialmarketings. Es gilt, die relevanten Zielgruppen zu gewinnen und zu binden.

2. **Orientierung an den Zielgruppen:** Dazu zählt Marktforschung – zu wissen, was die Zielgruppen wollen und brauchen, welche Erwartungen sie haben; nicht die Orientierung am Produkt oder am Gewinn, sondern am Menschen macht den Unterschied zwischen Produkt- und Sozialmarketing.

3. **Vertrauen schaffen** ist ein wesentliches Ziel von Sozialmarketing und Grundlage für eine erfolgreiche Arbeit (in der offenen Kinder- und Jugendarbeit).

4. **Positionierung:** Die Positionierung der Einrichtung mit ihrer spezifischen Angebotspalette sorgt bei den Zielgruppen für einen notwendigen Unterschied zu anderen Anbietern.

Damit ist das Sozialmarketing weit mehr als ein Instrument für Werbung und Öffentlichkeitsarbeit. Es bietet vielmehr die Grundlage eines Gesamtkonzeptes für die Organisation. Denn eine der wichtigsten Grundvoraussetzungen für erfolgreiches Marketing ist eine umfassende Situationsanalyse sowie eine interne und externe Bestandsaufnahme. Erst daraus lassen sich, von den allgemeinen Marketingzielen abgeleitete, organisationsspezifische Ziele benennen, die dann zu einem operativen Maßnahmen-Mix führen.

Wo liegen nun die Gemeinsamkeiten einer Jugendhilfeeinrichtung wie der Villa Lampe und McDonalds und damit die Ansatzpunkte für ein Marketingkonzept für die offene Kinder- und Jugendarbeit?

„Unsere Zielgruppe sind alle jungen Menschen, egal welchen Alters. Wir vereinen alle: die jungen Leute selbst, die Großeltern (...) und die ganze Familie" (Schneider 2007, S. 144). Dieses Zitat könnte so oder zumindest ähnlich auch in der Zielstellung einer Jugendhilfeeinrichtung stehen, stammt aber von Sabine Ulrich, Director Strategie Planning und Research bei McDonalds Deutschland.

Die Villa Lampe und McDonalds sind beide in ihrem Feld etablierte Marken. Neben dem hohen Bekanntheitsgrad ist es notwendig, die Villa Lampe langfristig als unverwechselbare, mit positivem Image verbundene Marke zu etablieren. Dazu muss ein Konzept erarbeitet werden, das den Nutzen und Wert für die jeweiligen Zielgruppen differenziert herausarbeitet. Als erste Maßnahme wird aktuell das Auftrittsdesign (Logo, Internetseite, Flyer, Plakate) neu gestaltet.

An einem Beispiel soll exemplarisch verdeutlicht werden, wie sich die beiden „Unternehmen" vergleichen lassen bzw. wie von McDonalds gelernt werden kann:

Den **Big Mac** gibt es seit 40 Jahren. Er wird in etwa 120 Ländern nach der immer gleichen Rezeptur hergestellt und verkauft (vgl. Schneider 2007, S. 66). Man kann sich sicher sein, egal ob man in London, New York, Hongkong, Moskau oder Hildesheim einen Big Mac bestellt, dass er überall gleich aussieht und schmeckt. Nach einem bis ins Kleinste standardisierten Verfahren werden die Brötchen (sog. Buns), Hackfleischscheiben (sog. Paddys), etwas Salat, eine Scheibe Käse und Sauce immer auf die gleiche Weise zu einem Big Mac „zusammengebaut". Der Big Mac steht so für weltweite Verlässlichkeit, Vorhersehbarkeit und Kontinuität. Das Vertraute in einer ansonsten vielleicht unbekannten Welt.

Was ist nun das Verlässliche, das Kontinuierliche in der offenen Kinder- und Jugendarbeit?

An erster Stelle sind die Mitarbeiter/-innen zu nennen. Denn die Basis offener Kinder- und Jugendarbeit ist seit je her das kontinuierliche personale Beziehungsangebot. Zunehmend wird dieses aber zugunsten zeitlich befristeter Projektförderung der öffentlichen Träger ausgehöhlt. Das führt dazu, dass es eine hohe Fluktuation bei den Mitarbeiter(inne)n gibt, was zum einen eine Identifikation der Mitarbeiter/ -innen mit der Marke Villa Lampe verhindert und zum anderen keine dauerhaften Beziehungen zu den Jugendlichen (und damit eine nachhaltige Bindung) ermöglicht.

Ein weiterer Aspekt sind Ausstattung und Angebote. Für die Villa Lampe stellt sich die Frage, wie es in den 20 Einrichtungen der offenen Kinder- und Jugendarbeit gelingt, bei aller Unterschiedlichkeit der personalen und räumlichen Ausstattung vergleichbare Qualitätsmindeststandards zu entwickeln, die allen Einrichtungen gemein sind und eine höhere Identifikation mit der Marke Villa Lampe ermöglichen? Denn gerade in den Jugendclubs im ländlichen Raum ist oft nur eine geringe Identifikation mit der „Dachmarke Villa Lampe" festzustellen.

Neben der Qualität des personalen Angebots kann gerade die Ausstattung ein wichtiger Faktor für die Verlässlichkeit und Vorhersehbarkeit unserer Dienstleistungen sein. Egal ob es der Kicker, ein Billardtisch oder die Brettspiele, vergleichbare Preise bei Speisen und Getränken, das Design der Einrichtung oder auch allgemeine und spezielle Verhaltensregeln (limitierter Alkoholausschank, Rauchverbot, Einhaltung der Öffnungszeiten) sind, immer kommt es darauf an, eine Qualität des „Systems" Villa Lampe zu entwickeln, im Sinne von: „Wo Villa Lampe drauf steht, muss auch Villa Lampe drin sein, egal wo!"

Dieser Blick auf McDonalds und seine Marketingstrategie, der sicher unkonventionell ist und bewusst provozieren will, bietet eine Reihe wertvoller Anregungen und Impulse für die offene Kinder- und Jugendarbeit. Bei noch genauerer Betrachtung ließen sich sicher noch mehr Beispiele finden[2]. Zudem wäre es spannend, die einzelnen Mo-

---

[2]   Unter dem Titel „Das McDonalds-Prinzip. Anregungen für Marketingstrategien zur Zielgruppengewinnung und -bindung in der offenen Kinder- und Jugendarbeit" hat der Autor im Rahmen eines Weiterbildungsstudiums eine Hausarbeit verfasst und weitere, sehr gelungene Beispiele formuliert. Bei Interesse kann Thomas Holzborn (www.villa-lampe.de) kontaktiert werden.

saiksteine zu einem umfassenden Marketingkonzept für die offene Kinder- und Jugendarbeit zusammenzufügen.

Aber allein schon die konsequente und professionelle Umsetzung weniger Anregungen kann die offene Kinder- und Jugendarbeit für die anstehenden Herausforderungen weiter qualifizieren.

3. Immersatt: „Tafelarbeit" als Aufgabe?! – Don-Bosco-Club Essen-Borbeck

Susanne Bier (Leiterin) und Sandra Härtig

Das Ziel des Workshops war es, die Tafelarbeit als neue Aufgabe der offenen Kinder- und Jugendarbeit zu präsentieren und zu diskutieren.

Das Thema stieß auf Interesse. Manche Workshop-Teilnehmer/ -innen fragten sich, was genau unter Tafelarbeit zu verstehen ist. Geht es hierbei um die Ausgabe von Lebensmitteln an Bedürftige im Sinne der klassischen Tafel oder verbinden sich auch pädagogische Ziele damit? Andere suchten Anregungen für eigene Projekte.

Präsentation des Projektes

Der Ausgangspunkt unseres Tafelprojektes war die tagtägliche Erfahrung, dass Kinder direkt nach der Schule hungrig in unser Haus kamen. Viele Eltern können sich nicht ausreichend um die Grundversorgung ihrer Kinder kümmern. Es fehlt zum Teil an finanziellen Mitteln, zum Teil an selbst gekochten Gerichten: Falls zu Hause etwas auf den Tisch kommt, dann Fast-Food- oder Fertiggerichte.

Hinzu kommt, dass vielen Eltern der Bildungshintergrund und das Engagement fehlen, um ihren Kindern eine hilfreiche Unterstützung bei der Erledigung von schulischen Aufgaben zu bieten. In der heutigen Zeit ist es jedoch mehr als wichtig, einen Schulabschluss zu erlangen, um sich eine eigenständige Zukunft aufbauen zu können. Hintergrund ist die Erkenntnis, dass in keinem anderen Land die Bildungschancen so stark von der sozialen Herkunft abhängen wie in Deutschland.

Da wir täglich mit dieser Situation konfrontiert werden, haben wir überlegt, wie wir diese Lebenswelt der Kinder positiv beeinflussen können.

So entstand mit Unterstützung zweier Stiftungen das Projekt „Immersatt". Die Ziele dieses Projektes sind, die oben beschriebenen Defizite abzufedern bzw. zu beseitigen. Wir entwickelten folgende Angebote:

- regelmäßiges Mittagessen für Kinder sozial benachteiligter Familien;

- bedürfnisorientierte Hausaufgabenbetreuung und individuelle Förderung über die Hausaufgabenbetreuung hinaus;

- Des Weiteren findet, angeregt durch das Modell in Chemnitz, täglich ein Abendbrottisch (kostenfrei Brot, Wurst, Käse und Rohkost) für Kinder statt. Die Kinder wirken aktiv mit, indem sie einkaufen gehen und den Tisch decken. Durch das gemeinsame Essen wollen wir ein Gemeinschaftsgefühl fördern. Die Kinder erfahren durch dieses „Ritual" auch Verbindlichkeit, da das Abendessen immer um 17.30 Uhr als Abschluss des Tages stattfindet;

- Elternarbeit (Kochkurse, gesundes Essen für kleines Geld).

Meinungen von Vertreter(inne)n anderer Einrichtungen

Die Teilnehmer/-innen am Workshop können von sehr ähnlichen Erfahrungen berichten. Auch in anderen Einrichtungen kommen die Kinder und Jugendlichen hungrig ins Haus bzw. sind froh, überhaupt einmal täglich eine warme Mahlzeit zu bekommen. Zudem haben sie Spaß an der gemeinsamen Zubereitung von Mahlzeiten.

Es wurde auch das Gegenargument angeführt, dass die Eltern durch ein solches Angebot aus der Pflicht genommen und so die Versorgung ihrer Kinder an die Einrichtung abschieben würden.

Daher diskutierten wir die Frage, unter welchen Bedingungen Tafelarbeit in einer offenen Einrichtung sinnvoller Weise stattfinden kann.

1. In erster Linie geht es um die Kinder und deren Lebensperspektive.

   Wenn Eltern finanziell oder aufgrund ihrer Bildung nicht in der Lage sind, ihre Kinder zu versorgen und zu unterstützen, können Projekte wie „Immersatt" durchaus ein Aufgabenfeld der offenen Kinder- und Jugendarbeit sein. Mit leerem Magen lässt sich nicht gut lernen und ein guter Schulabschluss ist heute vielleicht wichtiger denn je.

2. Die Eltern müssen mit in der Verantwortung bleiben!

   Es ist unbedingt erforderlich, die Eltern in die Pflicht zu nehmen. Im Don-Bosco-Club unterschreiben sie bspw. eine Vereinbarung, in der sie sich zu regelmäßigen Gesprächen über die Situation ihres Kindes, verstärkte Zusammenarbeit mit unserer Einrichtung, der Schule und ggf. dem Jugendamt verpflichten.

Fazit

Nach Prüfung des Bedarfs bei den Besucher(inne)n sowie bei deren Familien und mit einem Konzept, das die Mahlzeiten mit anderen Angeboten verbindet, ist die Tafelarbeit eine wichtige Aufgabe der offenen Kinder- und Jugendarbeit.

4. „I ‚C' YOU!" – Ein Medienprojekt mit Nebenwirkungen (Don-Bosco-Club Köln)

Reinhard Linke (ehrenamtlicher Mitarbeiter)

Ziel des Workshops war es, ein Medienprojekt vorzustellen, das eine große Wirkung auf die gesamte übrige Arbeit einer offenen Kinder-

und Jugendeinrichtung hatte. Wie kam es dazu und was können andere Einrichtungen daraus lernen?

Am Anfang war eine Idee ...

Ein Kölner Künstler mit Namen Tom Koesel rief eines Tages beim Don-Bosco-Club in Köln-Mülheim an und meinte, Fotografieren und Kunst überhaupt seien doch eine tolle Sache. Das fanden einige Leute im Club auch und schon war eine Idee geboren, die sich in den kommenden Monaten zu einem ganz besonderen Medienprojekt entwikkeln sollte.

Los ging es mit der Gestaltung des Medienraums ...

Bereits beim Start im Frühjahr 2009 konnte ein kreativer Name für das Projekt gefunden werden: Es sollte I „C" YOU heißen. Der Projekt-Kickoff wurde organisiert, ein Leitgedanke kreiert und dann ging es an die Arbeit. Mit der Umgestaltung des Computerraums zum Medienraum wurde die erste Phase eröffnet. Schließlich wurde ein Projektteam gegründet, ein Projektplan aufgestellt und Aufgaben festgelegt und verteilt. Fünf Jugendliche halfen tatkräftig dabei mit, dem Raum eine freundliche und helle Atmosphäre zu verpassen. Funktional ausgestattet stand der Raum pünktlich zum geplanten Fotoworkshop bereit.

Der Fotoworkshop

Der Start war nicht ganz einfach. Sich auf eine solche zielorientierte und geplante Arbeitsweise einzulassen will geübt sein, das haben alle Beteiligten gelernt oder aufs Neue erfahren. Gemeinsam an einem Thema zu arbeiten heißt eben neben Spaß und Freude auch Zuverlässigkeit, Engagement und Disziplin. Die jugendlichen Projekt-Teilnehmer/-innen hatten zunächst Motivationsschwierigkeiten. Erst als mehrere weibliche Clubbesucherinnen als „Models" und Fotografinnen einsprangen, ließen sich am dritten Workshoptag auch die ursprünglichen Workshopteilnehmer endlich begeistern und machten intensiv mit. Am Ende war der Workshop eine spannende Sache und es sind viele tolle Bilder entstanden. Das Ergebnis wurde erstmals zum Abschluss des Ferienprogramms präsentiert.

Die Fotoexkursion

„Menschen bei der Arbeit in Mülheim", das war das Thema einer mehrtägigen Foto-Exkursion. Besucht wurden Geschäfte in der näheren Umgebung des Clubs (eine Näherei, ein Restaurant, eine Fahrschule), eine Balettschule und die Motorenproduktion der Deutz AG. Dankbar nahmen wir wahr, dass viele Menschen bereit waren, als „Fotoobjekte" herzuhalten. Mit vier Kameras „bewaffnet" zeigten sich die Teilnehmer wahrhaft fotowütig und schossen fast 1000 zum Teil sehr gelungene Fotos. Lebendige Szenen finden sich dabei ebenso wie Bilder, die durchaus auch zum Nachdenken anregen. Die Jugendlichen zeigten sich dabei als ebenso rücksichtsvoll wie auch aufmerksam mit einem guten Auge für schöne Motive. Die anschließende Auswahl fiel letztlich auf 12 Bilder, die auf 1x1-Meter-Banner gedruckt wurden. Diese Banner hatten ihre Premiere auf einem „Interkulturellen Jugendkunstfestival" im Juni 2009. An einem über drei Meter hohen Turm aufgehängt, stellten sie eine tolle Werbung für den Don-Bosco-Club dar. Weitere Ausstellungen sind geplant und zukünftig sollen die Poster auch den Zugangsbereich zum Club verschönern.

Vom Fotoprojekt zur Medienwerkstatt

Das Projekt ermöglichte den teilnehmenden Jugendlichen wertvolle Erfahrungen. Sie erhielten einen Einblick in die Entwicklung der Fotografie von der Lochkamera bis zur modernen digitalen Spiegelreflexkamera. Darüber hinaus haben sie einen Eindruck davon bekommen, was es bedeutet, als Fotograf und auch als „Model" zu arbeiten. Dadurch entwickelten sie zum Teil ein ganz neues Verständnis für den Umgang mit Medien.

Auch für die Mitarbeiter/-innen brachte das Projekt wichtige Erkenntnisse: Wir realisierten, welch hohes Potential zur Vermittlung vom richtigen Umgang mit Medien vorhanden ist – und dass wir damit Interesse bei den Jugendlichen wecken konnten! Viele verborgene

Talente wurden erschlossen, und durch die gute Zusammenarbeit mit verschiedenen Medienkünstlern entstanden neue wertvolle Kontakte. Insbesondere wurde uns aber klar, dass die virtuelle Welt von uns als Raum wahrgenommen werden muss, in dem sich Jugendliche aufhalten. So beschlossen wir, auch über das Projekt hinaus eine Medienwerkstatt im Don-Bosco-Club zu etablieren. Der Leitgedanke dafür war: **Medien beherrschen immer mehr unser Leben. Daher ist es wichtig, den Umgang mit Medien beherrschen zu lernen.** Diesem Gedanken folgend soll die Medienwerkstatt den Jugendlichen ermöglichen, auf experimentelle und spielerische Weise den Umgang mit den Medien Fotografie, Radio und Computer zu erlernen und einzuüben. Eine „Radiowerkstatt" war bereits ebenso lehr- und erfolgreich wie unser Fotoworkshop, und der Computer-Führerschein bildet längst einen festen Bestandteil der medienpädagogischen Arbeit im Don-Bosco-Club. Die Medienwerkstatt ist ein erklärtes Gemeinschaftsprojekt des Don-Bosco-Clubs und des **KAOS** Kunst- und Video-Archivs.

„Nebenwirkungen" des Projektes

Wie sich bald zeigte, wirkte sich das Projekt auch auf die pädagogische Arbeit im Don-Bosco-Club nachhaltig aus. So wurde etwa im pädagogischen Konzept der Einrichtung festgeschrieben, ergänzend zum laufenden Programm der offenen Kinder- und Jugendarbeit verstärkt Projekte in die Arbeit einzubinden. Hierdurch ergibt sich die Notwendigkeit, ein Verständnis für Projektarbeit zu entwickeln, zu dokumentieren und umzusetzen. Im Rahmen einer Klausurtagung wurde eine erste Definition für Projektarbeit im Club entwickelt. Ziel dieser Festlegungen ist eine weitere Qualitätsverbesserung in der Arbeit und die Verringerung von Reibungsverlusten durch eine bessere Planbarkeit von Aktivitäten und personellen Anforderungen.

Darüber hinaus wurden drei „Säulen" unserer Arbeit im neuen Konzept des Don-Bosco-Clubs verankert:

1) Die Attraktivität des Clubs soll durch räumliche Veränderungen und die Überprüfung des offenen Angebots (vor allem für Jugendliche) gesteigert werden.

2) Die Projektarbeit im Haus wird mit den Schwerpunkten Kreativ- und Medienangebote fortgeführt.

3) Projekte zur Außenpräsenz sollen generiert werden – sowohl in der realen wie auch in der virtuellen Welt.

Schließlich haben wir für unsere Arbeit ein wichtiges Optimierungspotential entdeckt: Mit Hilfe der Medienwerkstatt gelingt es, Jugendliche an bestimmte Medien heranzuführen und ihnen dabei zu helfen, nicht nur ihr Konsumverhalten kritisch zu reflektieren, sondern sie aus der passiven Rolle hinaus für konkrete Aktionen mit bestimmten Medien zu begeistern. So können wir Anreize zur zuverlässigen Projektteilnahme schaffen (ungewohnte Anforderung für die Jugendlichen) und gleichzeitig die so wichtige Balance zwischen konzentrierter Arbeit und Erholungsphasen gewährleisten. Neben der Arbeit im Team trainieren die Jugendlichen Konfliktfähigkeit und Motivation. Natürlich stehen wir ständig vor der Herausforderung, die Projektarbeit kritisch zu reflektieren (Was ist – pädagogisch, fachlich und organisatorisch - wichtig und was ließe sich noch verbessern?). Doch die ursprüngliche Begeisterung hält bei den Jugendlichen wie bei den Mitarbeiter(inne)n nach wie vor an. Und darum gilt für uns: Die nächsten Projektideen sind schon da – packen wir´s an!

5. An der Schnittstelle: Offene Jugendarbeit und Schulsozialarbeit – Jugendhaus und Graf Salentin Schule, Grund- und Realschule Plus, Jünkerath

Anja Leuwer

Mitwirkende bei dem Workshop waren eine Schulsozialarbeiterin, eine Vertreterin der Schule, Vertreter von Don Bosco Jünkerath und dem Haus der Jugend.

Vorstellung der Entwicklung der Zusammenarbeit

Zunächst wurde vorgestellt, wie sich die Zusammenarbeit zwischen der offenen Kinder- und Jugendarbeit und der Schule seit 2004 entwickelt hat. Besonders hervorzuheben sind hier die Hausaufgabenhilfe und das Kommunikationstraining in der Grundschule, die PES-Einsätze von 2005-2008 in der Graf Salentin Schule sowie die Einführung der Schulsozialarbeit in dieser Schule seit 2008.

Erfahrungen, Ängste, Vorbehalte der Gruppenteilnehmer/ -innen

Dann gaben wir den Workshop-Teilnehmer(inne)n Raum, ihre Erfahrungen, Ängste und Vorbehalte hinsichtlich der Zusammenarbeit zwischen der offenen Kinder- und Jugendarbeit (OKJA) und der Schule/Schulsozialarbeit zu formulieren. Vorbehalte der Gruppenteilnehmer/-innen gab es insbesondere hinsichtlich der „Verzweckung" (die Schulen wollen uns als „Lückenbüßer", sie betrachten uns in erster Linie als „Pausenclowns"). Außerdem wurde die Wahrnehmung geäußert, die offene Arbeit werde in ihrer Profession nicht ernst genommen. Es herrscht die Sorge, die Zusammenarbeit könne nicht glücken, da Schule und OKJA völlig verschiedene Systeme seien, die grundsätzlich verschiedene Ziele hätten. Eine Kooperation könne darum nicht beiden Partnern gleichermaßen Nutzen bringen.

Rückmeldungen aus der Schule

Diesen Eindrücken widersprachen die Rückmeldungen aus der Schule: Eine Befragung im Lehrerkollegium ergab, dass in Jünkerath die Zusammenarbeit sehr positiv bewertet wird. Insgesamt wird geäußert, dass Schulsozialarbeit (insbesondere die Schnittstellenarbeit) als Entlastung und Unterstützung empfunden wird. Durch die Jugendarbeit in der Schule bekommen die Lehrer/-innen einen besseren Einblick in die Felder der Jugendarbeit und auch in die Lebenswelt ihrer Schüler/-innen. Sozialpädagogische Angebote an der Schule werden von den Lehrer(inne)n als Bereicherung empfunden.

Rückmeldungen seitens der offenen Jugendarbeit und Schulsozialarbeit

Daraufhin kam auch die Seite der offenen Kinder- und Jugendarbeit/ Schulsozialarbeit zu Wort, die bestätigte, dass die OKJA in der Regel einen intensiveren Einblick in die gesamte Lebenswelt/-situation der Jugendlichen hat und diesen in die Schule mit einbringen kann. Mit Blick auf die Jugendlichen sei dies eine wertvolle Ergänzung und könne der gezielten Förderung einzelner Schüler/-innen dienen. Auch für die Eltern sei es oft leichter, sich an die Sozialarbeiter/-innen zu wenden, da die Hemmschwelle geringer ist; der Kontakt mit der Schule und insbesondere der Schulleitung habe für viele Eltern hingegen schnell einen sehr offiziellen Charakter. Zudem vereinfache die bereits vorhandene Kenntnis der Lebensverhältnisse der Familien die Kommunikation zusätzlich.

Für die Lehrer/-innen stelle die Kooperation und v.a. die Kommunikation mit der offenen Jugendarbeit in der Regel eine Blickfelderweiterung dar, die das Verständnis füreinander wachsen lasse. Insgesamt wird die Schulsozialarbeit als eine wichtige Schnittstelle gesehen, die v.a. im System Schule neue, andere Zugänge zu den Kindern und Jugendlichen ermöglicht.

Natürlich war es interessant für die Workshopteilnehmer/-innen zu erfahren, wie die Zusammenarbeit zwischen Schule und offener Arbeit in Jünkerath funktioniert.

Förderlich für die heutige gute Kooperation ist sicherlich, dass das gegenseitige Kennenlernen über einen längeren Zeitraum hin möglich war und sich langsam entwickeln konnte. So wurden Vorurteile und Klischeedenken auf beiden Seiten nach und nach abgebaut. Sehr wichtig war – und ist auch heute noch – die Offenheit sowie die hohe Akzeptanz der Schulsozialarbeit von Seiten der Schulleitung; ebenso zeigte sich das Kollegium zur Zusammenarbeit bereit. So konnten nach und nach Nischen im System Schule gemeinsam gefunden und gestaltet werden.

Konstruktive Lösungsansätze, Ideen für die Zukunft aus der Gruppe

Am Ende des Workshops wurden konstruktive Lösungsansätze sowie Ideen für die zukünftige Zusammenarbeit zwischen der offenen Kinder- und Jugendarbeit (Haus der Jugend) und der Schule von Teilnehmer(inne)n aus der Gruppe formuliert. Neben der Idee, den Jugendtreff/das Jugendzentrum direkt in die Schule zu verlagern, gab es den Vorschlag, ein Büro der Jugendpflege in der Schule anzusiedeln. Auch der umgekehrte Weg, bei dem die Schule in die Häuser der Jugend geht, wurde diskutiert; dazu etwa könnten Lehrer-Kollegien in die Häuser der offenen Tür eingeladen werden. Zielführend erschienen den Teilnehmer(inne)n auch gemeinsame Projekte außerhalb der Schule, bei denen Sozialarbeiter/-innen und Lehrer/-innen sich mit den Jugendlichen für die gleichen Dinge engagieren könnten.

Insgesamt hat der Workshop das Ziel erfüllt, den Teilnehmer(inne)n sowohl die konkrete Zusammenarbeit zwischen offener Arbeit und Schule in Jünkerath vorzustellen. Gleichzeitig wurden die Teilnehmer/-innen ermutigt, eigene Modelle der Kooperation zu entwickeln und in der Zusammenarbeit mit der Schule auch eine wertvolle Chance für die offene Arbeit zu sehen.

6. Erreichbarkeit ist möglich: Offene Aktivierungshilfe in Berlin Marzahn – Manege gGmbH im Don-Bosco-Zentrum Berlin

Sr. Margareta Kühn SMMP (Geschäftsführerin)

Unter dem Dach des Don-Bosco-Zentrums haben die Salesianer Don Boscos, die Schwestern der hl. Maria Magdalena Postel (Heiligenstädter Schulschwestern) und der Kinder- und Jugendzirkus „Cabuwazi" e.V. die „Manege gGmbH" ins Leben gerufen.

„Leben an oder unter der Armutsgrenze" ist in Berlin augenscheinliche Realität. Auch in Marzahn-Hellersdorf, mit 62 Quadratkilometern Fläche am nordöstlichen Stadtrand gelegen, ist dies keine unbekannte Tatsache. Der Bezirk umfasst Berlins größte Plattenbau-Siedlung mit 100.000 Wohnungen, in denen zwei Drittel der Bevölkerung leben. Über 23.000 Menschen sind hier auf der Suche nach einem Arbeitsplatz, darunter knapp 2.300 Jugendliche unter 25 Jahren – allein 600 von ihnen haben keinen Schulabschluss. In vielen Fällen liegt das nicht nur an Bildungsdefiziten, sondern auch an Entwicklungsstörungen, geringer Motivation, mangelnder Disziplin sowie fehlenden sozialen Kompetenzen wie Zuverlässigkeit, Durchhaltevermögen oder Lernbereitschaft. Die bisherigen Lebensgeschichten und Lebensvollzüge sind oftmals geprägt von Beziehungsarmut, großer Unstrukturiertheit, vielfältigen Kränkungen, Verweigerungen, falschen Sehnsüchten und nicht zuletzt von dem schleichenden Gefühl des „Nichtgebrauchtwerdens".

Die betroffenen jungen Menschen brauchen Begleitung, Beratung, geeignete Angebote zur schulischen und beruflichen Bildung, Hilfen zum Leben und Glauben. Bei der Manege gGmbH bekommen die Jugendlichen eine zweite Chance und Unterstützung bei ihrem Einstieg ins Berufsleben und bei der Organisation ihres Lebens.

Um neue Perspektiven zu eröffnen, bietet die „Manege" verschiedene „Aktivierungsmaßnahmen" und Unterstützung bei persönlichen Problemen wie Schulden, Suchtproblematik, Wohnraumgefährdung, Vorladungen bei Polizei und Gericht usw. an. Den Jugendlichen werden durch individuelle Förderung die wichtigsten Verhaltensregeln vermittelt. Zusätzlich erwerben sie praktische Erfahrungen in verschiedenen handwerklichen Bereichen (Farbe, Holz, Metall, Stein/Fliesen, Küche und Hauswirtschaft). Als Motivation dient auch die Mitarbeit im Kinder- und Jugendzirkus „Cabuwazi".

Unter „Aktivierungshilfen" werden niederschwellige Angebote im Vorfeld von Ausbildung und Beschäftigung verstanden, die Jugendliche, die auf andere Weise nicht erreicht werden können, für eine berufliche Qualifizierung motivieren. Zur Eingliederung in ein Ausbildungs- bzw. Erwerbsleben und zum Ausgleich sozialer Benachteiligung sowie persönlicher Defizite bedürfen diese spezieller Angebote der Aktivierung und Lenkung. Hierbei kommt es in erster Linie darauf an, auf der Basis eines persönlichen Beziehungsaufbaus eine tragfähige Komm- und Bleibemotivation zu schaffen. Jede/jeder

Jugendliche soll individuell betreut und befähigt werden, ihr/sein Leben verantwortlich in die Hand zu nehmen.

Dazu sind folgende strategische Überlegungen von Nöten:

- **Konzeptionelle Verknüpfung** offener, aufsuchender/nachgehender, beratender, „aktivierender", ambulanter/(teil-)stationärer Arbeit;

- Es gilt: Je förderbedürftiger, umso akzeptierender im Hinblick auf die gesamte Lebenswelt und Lebensweise; **hohe Durchlässigkeit** bei interner und externer Angebotspalette;

- Individuelle Handlungs- und Förderschritte müssen **ineinandergreifen** ohne personelle, zeitliche und inhaltliche Lücken.

- Zielführend ist ein **eindeutiges, festes, minimales Regelwerk**, das sich auf wesentliche und wertvolle Elemente des Zusammenlebens bezieht.

- Nötig sind **„flache" Hierarchien**, Strukturen für kurze Klärungswege und Transparenz nach innen und außen.

- Es müssen **klare Zielgruppenoptionen** getroffen werden, nicht naiv parteilich, sondern konstruktiv moderierend.

- **Verabschiedung vom vorschnellen Rückgriff** auf Therapien und Fremdberatungsangeboten;

- Es ist unumgänglich, individuell **„das Beste"** zu suchen und zu geben. („Um gut zu sein, muss man etwas zu gut sein" selige Placida SMMP).

- Auf allen Ebenen **Kontakt halten** zu denen, die Kontakte haben;

- **Gemeinsames Ausloten der „Grenzen"** - rechtlich, finanziell, kooperativ, inhaltlich, methodisch/didaktisch;

- **Unkonventionalität** als Normalität einsetzen; Arbeiten mit „Irritationen";

- Es braucht Mitarbeiter/-innen, die auf „dem Weg sind **vom Job zum Dienst"**.

Sind diese Kriterien erfüllt, ist Erreichbarkeit möglich und junge Menschen können „wachsen". Sie beginnen, dem Leben wieder zu (ver-) trauen und mutiger zu werden. Sie wagen den für sie möglichen nächsten Schritt in die richtige Richtung, brauchen aber die Gewissheit, dass Menschen wertschätzend an ihrer Seite stehen.

7. Zwischen Kaserne und Soccerhalle: Soziale Stadt als Herausforderung für die Entwicklung der offenen Jugendarbeit

Martin Stoffel

Der Workshop hatte das Ziel, die offene Kinder- und Jugendarbeit der Salesianer Don Boscos im Stadtteil Trier-West/Pallien vorzustellen und die neuen Herausforderungen, denen sie sich gegenüber sieht, zu skizzieren.

Im Stadtteil Trier-West/Pallien befindet sich eines der sozial schwierigsten Wohnquartiere der Stadt Trier. Die Lebensbedingungen der Menschen sind geprägt von hoher Arbeitslosigkeit, verminderten Bildungschancen, komplexen materiellen, sozialen und familiären Problemen, schlechten Wohnverhältnissen und einem problematischen sozialen Umfeld. Eine Arbeitslosenquote von 9,56 % und ca. 15 % bei jungen Menschen verschärft die Problematik.

Die Entstehungsgeschichte des Wohngebietes „Städtische Kaserne Trier-West" reicht zurück bis in die Nachkriegszeit. Die Kaserne wurde ca. 1899 erbaut und in den Nachkriegsjahren als Notunterkunft für obdachlose, kinderreiche und sozialschwache Familien und Einzelpersonen eingerichtet.

Die Wohnsituation ist besonders im Kasernenbering und seinen Randgebieten sehr problematisch. Nur vier von insgesamt neun Kasernenblocks verfügen über sanierten Wohnraum, die übrigen Wohnblocks und auch weiterer städtischer Wohnraum in benachbarten Straßen sind dringend sanierungsbedürftig. Im Laufe der Jahre konnten durch vielfältige Bemühungen bereits einige Teilerfolge zur Verbesserung der Wohn- und Lebenssituation erzielt werden.

Der Stadtteil wurde 2003 in das Programmgebiet der Bund-Länder-Gemeinschaftsinitiative „Soziale Stadt" aufgenommen. Mehr als 14 Millionen Euro werden in die Sanierung und Umnutzung ehemaliger Kasernengebäude investiert. Darin enthalten sind:

- Einrichtung eines Studentenwohnheims mit 68 Plätzen;
- Nutzung eines Kasernenbaus für die Arbeitsgemeinschaft der Agentur für Arbeit und der Stadt Trier (ARGE);
- Einrichtung eines „Hauses des Jugendrechts", dort werden neben der Polizei auch die Staatsanwaltschaft, die Jugendgerichtshilfe der Stadt Trier und des Landkreises Trier-Saarburg sowie der Verein Starthilfe als freier Träger vertreten sein.

Außerdem wurde bereits die alte Reithalle vom Jugendwerk Don Bosco in eine Indoor-Soccer-Halle umgebaut. Unterstützt wurde dieser Umbau durch Qualifizierungsmaßnahmen der ARGE und des Jugendhilfezentrums Don Bosco Helenenberg.

Die Einrichtung der Salesianer hat sich im Laufe der Jahre seit ihrer Entstehung im Jahre 1952 ständig den Gegebenheiten und Herausforderungen des unmittelbaren Wohnumfeldes mit seiner schwierigen sozialen Lage angepasst. Neben dem ursprünglich eröffneten Internat entwickelten sich bald schon erste Formen der offenen Jugendarbeit. Nach der Schließung des Internats widmete man sich in erster Linie der Arbeit mit jungen Menschen aus benachteiligten Lebenssituationen in Form von Freizeitangeboten, von Lebenshilfen im sozialen Netz, von Bildungsangeboten sowie in Form von Prävention durch grundlegende und spezifische Förderung von Lebenskompetenzen. Das bisher von Ruinen, Müll und Schrotthändlern geprägte Umfeld der Einrichtung änderte sich in den letzten Jahren und wird sich durch die angekündigten Sanierungsmaßnahmen noch gravierend ändern. Diese Neuerungen werden die Entwicklung der nächsten Jahre bestimmen.

8. In der fremden Heimat verwurzeln – Prinz Franz/Jugendmigrationsdienst Kempten

Christine Floh (verantwortliche Mitarbeiterin vor Ort)

Zielsetzung

Unser Ziel für den Workshop während des Symposiums war es, mit den Teilnehmer(inne)n Ideen auszutauschen. Einerseits ging es uns darum, Projektbausteine, die sich bei uns bewährt haben, auch anderen Einrichtungen bekannt zu machen und deren Umsetzung dort zu fördern, andererseits wollten wir für die anstehende Umstrukturierung unserer Arbeit in Kempten gerne selbst Anregungen von anderen erhalten. Bei der Planung des Workshops suchten wir auch nach einer Möglichkeit, die Teilnehmer/-innen aktiv einzubinden. Wir einigten uns darauf, eigene Ansätze zur Thematik in Kleingruppen erarbeiten zu lassen.

Ablauf

Zunächst begrüßten wir die Teilnehmer/-innen, stellten uns selbst kurz vor und führten kurz in die Thematik Heimat und Wurzeln ein (Schaubild Baum). Daraufhin wiesen wir mit wenigen Sätzen auf die im Plenumssaal ausgestellten Bilder hin. Sie sind das Ergebnis eines Projektes, mit dem wir Jugendliche anregten, sich auf die Suche nach ihren eigenen Wurzeln zu begeben, Heimat in Bilder zu fassen und sich so mit ihrer Identität auseinanderzusetzen. Nach einem kurzen Überblick über den geplanten Ablauf des Workshops baten wir die Teilnehmer/-innen, sich selbst kurz vorzustellen (mit Namen, Organisation, Migrationsanteil und eigenen „Migrant(inn)enangeboten"). Dann stellten wir ihnen die Arbeit des JMD und Prinz Franz unter besonderer Berücksichtigung unserer einzelnen Projektteile vor:

- Offener Treff – als niederschwelliger Zugang zu den Beratungs- und sonstigen Angeboten von Prinz Franz und JMD;
- Streetwork – Jugendliche (Migrant(inn)en) an ihren Plätzen und im Wohnumfeld aufsuchen, um sie auf bestehende An-

gebote der Jugendarbeit und Jugendsozialarbeit hinzuweisen oder direkt vor Ort zu unterstützen;

- Elternarbeit – Eltern in ihrer Erziehungskompetenz stärken durch Information und Unterstützung – und Ermöglichung des direkten Erfahrungsaustausches;

- Berufliche Motivation und Orientierung an Schule und im Treff – den Jugendlichen Instrumentarien zu einer bewussten Berufswahlentscheidung an die Hand geben, sie dabei unterstützen und den Bewerbungsprozess und den Berufseinstieg begleiten;

- Sprachtraining – Sprache als Schlüssel zur Integration, aktive Unterstützung des Spracherwerbs und der Verbesserung auf spielerischer Basis, eingehend auf den Bedarf und die Interessen der Jugendlichen;

- Beratung und Einzelfallhilfe – Unterstützung und Begleitung der Jugendlichen durch Beratung, auch mit Förderplanung (Case-Management – sofern sich die Jugendlichen darauf einlassen); dies ist die originäre Aufgabe der JMD.

Alle diese Teilprojekte wurden im Laufe der letzten zehn Jahren entwickelt aus den durch die Mitarbeiter/-innen (und Kooperationspartner/-innen) erkannten Bedarfe der Jugendlichen. Die vorgestellten Projekte sind nicht abgeschlossen, sondern befinden sich in einem stetigen Fortschreibungsprozess.

Kleingruppenarbeit

Nach der Vorstellung unserer Arbeit baten wir die Teilnehmer/-innen, sich in Kleingruppen aufzuteilen, die sich mit den folgenden Fragen auseinandersetzen sollten:

- Ich fühle mich heimisch, wenn .../Was macht Heimat für mich aus? (eigene Auseinandersetzung mit dem Begriff/Gefühl).

- Welche Angebote helfen Jugendlichen, Wurzeln zu schlagen? Was bieten/brauchen wir?

Die Ergebnisse dieser Kleingruppenarbeit wurden anschließend im Plenum zusammengetragen und allen vorgestellt. Dabei bekamen wir die Rückmeldung, dass die Angebote von Prinz Franz als sehr wertvoll empfunden wurden; leider wurden sie aber kaum durch weitere Ideen der Teilnehmer/-innen ergänzt.

Fazit

Die Einrichtung Prinz Franz wurde unabhängig von der Teilnahme am Innovationsprojekt Aufwind zum 31.12.2009 eingestellt, da die Finanzierung nicht weiter gewährleistet war. Für die Mitarbeiter/-innen des Projekts und deren Kolleginnen war die Teilnahme trotzdem wertvoll, da sie interessante Arbeitsansätze anderer Einrichtungen kennen lernten, ihren Blick auf die eigene Arbeit schärften und diese mit der Konzeptionsbearbeitung nochmals kritisch hinterfragten.

Teilangebote aus dem Projekt Prinz Franz werden in der Arbeit des JMD weiter fortgeführt, da sie sich für die Jugendlichen als sehr wertvoll erweisen (v.a. Sprachtraining). Bei dem inzwischen verfolgten Umzug des JMD wurde auch auf die Möglichkeit der „offenen Tür" geachtet. Dies ließ sich aus strukturellen Gründen nicht in der gewünschten Form verwirklichen, jedoch bietet der JMD an seinem neuen Standort eine offene Abendsprechstunde an, die zeitlich an die Öffnungszeit des früheren Jugendtreffs anschließt.

Offene Jugend(sozial)arbeit im „Aufwind"

Anliegen, Konzeption und Perspektiven des Projekts

Angelika Gabriel

1. Ausgangspunkt und Ziel

Die Motivation für das Projekt erklärt sich aus der grundsätzlichen Entscheidung (Option) der Salesianer Don Boscos, sich entschlossen an die Seite der ärmeren und benachteiligten Kinder und Jugendlichen zu stellen:

> *„Erziehen wir mit dem Herzen Don Boscos! Begleiten wir die Jugendlichen, besonders die ärmsten und am meisten benachteiligten, bei der ganzheitlichen Entfaltung des Lebens. Fördern wir ihre Rechte!"* (aus den Leitlinien der Salesianer Don Boscos).

So konzipierten wir im Herbst 2007 das Innovationsprojekt „Aufwind". Hintergrund war die gegenwärtige gesellschaftliche Entwicklung, die eine große Zahl von jugendlichen Modernisierungsverlierern mit nur wenig Chancen auf berufliche und soziale Integration „produziert". Es erschien dringend geboten, die bestehenden Hilfeformen umfassender zu entwickeln und dabei die klassische Aufteilung in Jugendsozialarbeit einerseits und offene Jugendarbeit andererseits aufzubrechen.

Die offene Jugend(sozial)arbeit muss sich unserer Meinung nach eindeutiger als Anwältin der Jugendlichen und jungen Erwachsenen positionieren, die in der Gesellschaft keine Stimme haben. Nur so erscheint es uns möglich, auf die neuen, multiplen Notlagen Jugendlicher angemessen, verlässlich, verbindlich und flexibel zu reagieren.

Das Innovationsprojekt setzt an dieser Stelle an. Es wollte

1. sieben offene Jugendeinrichtungen der Salesianer Don Boscos (Chemnitz, Köln, Trier, Essen, Heiligenstadt, Jünkerath, Berlin) und den Jugendtreff „Prinz Franz" in Kempten (unter Trägerschaft des Kath. Jugendsozialwerkes München e.V.) mit einer

Kombination von festen und flexiblen Hilfeformen konzeptionell so aufstellen, dass sie der neuen Jugendnot in ihrem sozialräumlichen Umfeld gerecht werden können;

2. einen Beitrag leisten, die Mitarbeiter/-innen dafür zu qualifizieren;

3. die zu entwickelnden (Up-date-)Konzepte durch wissenschaftliche Vertiefung begründen und vor Ort begleiten.

2. Konzeption

Das Innovationsprojekt war kein reines akademisches Forschungsprojekt, sondern es verstand sich als Handlungsforschung in enger Verzahnung von Theorie und Praxis. In enger Kooperation der Einrichtungen mit dem Jugendpastoralinstitut Don Bosco (JPI) wurden die Ziele des Projektes realisiert.

Folgende Gremien arbeiteten zusammen:

Das **Projektteam** bestand aus Prof. Dr. Martin Lechner, den zwei wissenschaftlichen Mitarbeitern des JPI Angelika Gabriel und Claudius Hillebrand sowie Hildegard Zinner aus Lohmar bei Köln. Es hatte die Aufgabe, das Projekt zu steuern.

Im **Projektbeirat** berieten Vertreter/-innen aus der Praxis und der Wissenschaft kontinuierlich über den Projektverlauf. Mitglieder waren: Sr. Margareta Kühn SMMP, Thomas Holzborn, Michael Kroll, P. Reinhard Gesing, P. Franz-Ulrich Otto, Prof. Dr. Ursula Mosebach, Prof. Dr. Wolfgang Bisler, Prof. Dr. Martin Lechner und Angelika Gabriel.

Die **Projektgruppe** setzte sich aus ein bis zwei Vertreter(inne)n der beteiligten Einrichtungen sowie aus den Mitarbeitern des Forschungsteams zusammen. Über ihre Vertreter/-innen waren die Einrichtungen der offenen Jugend(sozial)arbeit in das Innovationsprojekt eingebunden.

Das Ziel der Neuausrichtung der beteiligten Einrichtungen von den am meisten benachteiligten Jugendlichen her erreichen wir durch folgende Schritte:

- Erhebung des Forschungsstandes;

- Beschreibung der neuen Jugendnot im sozialräumlichen Umfeld der jeweiligen Jugendeinrichtungen und Formulierung des Hilfebedarfs;

- Entwicklung eines Update-Konzeptes für die beteiligten Einrichtungen;

- Erprobung des Konzeptes und Evaluation;

- Qualifikation der Mitarbeiter/-innen in den beteiligten Einrichtungen;

- Verbreitung der Ergebnisse (Symposium, Publikation, Fort- und Weiterbildung).

3. Verlauf des Projektes

1) Informationstreffen

Das Informationstreffen am 10. März 2008 diente dazu, das Projekt interessierten Einrichtungen zu präsentieren und sich auf Schwerpunkte in der Arbeit festzulegen. Der Artikel von Ulrich Deinet „Zukunftsmodell Offene Kinder- und Jugendarbeit" (in: dt. jugend, 53. Jg., H. 1, 2005) verhalf zu einer ersten guten Orientierung. Anhand der darin aufgestellten Thesen zu Situation und Perspektiven der offenen Kinder- und Jugendarbeit diskutierten die Teilnehmer/-innen ihre Erfahrungen und Wahrnehmungen.

Um eine verbindliche Teilnahme sicherzustellen, verlangten wir von allen Partnereinrichtungen eine schriftliche Erklärung ihrer Mitarbeiter/-innen und ihres Trägers.

2) Einrichtungsbesuche

Bis Anfang Juli 2008 wurden die acht Einrichtungen, die sich zu einer Teilnahme entschlossen hatten, vom Projektteam besucht. Dabei ging es um ein gegenseitiges Kennenlernen und das Einstimmen der Mitarbeiter/-innen auf die Aufgaben und Ziele im Rahmen des Projektes. Daneben wurde mit den Teams ein erstes Selbstbild ihrer Einrichtung und damit ein möglicher Vor-Ort-Bedarf erhoben. Für jede der Einrichtungen ergaben sich unterschiedliche Erfordernisse mit Blick auf das Projektziel.

3) Studientagungen

Die **erste Studientagung** fand am **24. und 25. Juni 2008 in Jünkerath** statt. Es wurde Rückblick gehalten auf die Einrichtungsbesuche sowie der individuelle Innovationsbedarf schriftlich festgehalten. Des Weiteren verständigte man sich auf gemeinsame Grundlagen für die Arbeit in der offenen Kinder- und Jugendarbeit. Dabei kamen die drei Ebenen Fachlichkeit, Weltanschauung und Institutionalität in den Blick. Insbesondere arbeitete man mit der Philosophie des Trägers, den Leitlinien der Salesianer Don Boscos.

Bei der **zweiten Studientagung** am **14. und 15. Oktober 2008 in Benediktbeuern** lag der Fokus auf der Zielgruppe, den „am meisten benachteiligten" Jugendlichen. Verschiedene Ansätze dienten der Annäherung: zur sozialen und gesellschaftlichen Voraussetzung die Theorie von Prof. Dr. Heiner Keupp („fluide Gesellschaft"), zur Zielgruppe das Buch von Heinz Bude „Die Ausgeschlossenen" sowie die aktuelle Sinus-Milieustudie U-27. Frau Tratberger-Zenker (Diplom-Soziologin, Lehrbeauftragte an der KSFH München) stellte die Ideen zur empirischen Forschung vor und erläuterte das Forschungsdesign und den angedachten Verlauf.

Für die **dritte Studientagung** waren wir am **9. und 10. Dezember 2008 im Heilbad Heiligenstadt** – in der Villa Lampe – zu Gast. Neben dem Austausch ging es bei diesem Treffen um eine Annäherung an den Begriff und das Phänomen „Armut". Man schloss sich einem „Lebenslagenansatz" an, denn er nimmt nicht nur die Einkommensarmut in den Blick, sondern auch die Situation in Bezug auf Wohnung, Arbeit, Bildung, Ernährung und Gesundheit sowie das Konsumverhalten, die Sozialbeziehungen und die subjektive Lebenszufriedenheit. Diese breite Wahrnehmung ermöglicht eine planvolle, am Subjekt orientierte Hilfe zur Selbsthilfe. Es wurden auch Ergebnisse der empirischen Erhebungen in den Einrichtungen verglichen, die eine solche differenzierte Lebenslage Jugendlicher wahrzunehmen versuchten. Der dritte Teil der Studientagung bestand aus der Analyse verschiedener Theorien (Maslow, Kießling, Winkel und Keupp) zu den Entwicklungs- und Bewältigungsaufgaben im Jugendalter sowie zu den zu fördernden Kompetenzen.

Die **vierte Studientagung** fand schließlich am **3. und 4. März 2009 in Köln** statt. Neben der Reflexion über Sinn und Ziel einer Konzeption erprobte man die Methode der kollegialen Beratung. Im Rahmen des Projektes erwies sich dieses Vorgehen auch bei den folgenden Studientagungen als sehr wertvoll.

Die Person als Schlüssel zur sozialen Qualität stand im Mittelpunkt der weiteren Diskussionen. Nach Otto Speck sind folgende Kriterien konstitutiv für „soziale Qualität":

- Sie ist eine Qualität jenseits jeder Technik.
- Sie zielt ab auf eine Professionalität als Fachlichkeit **und** Menschlichkeit.
- Sie fördert eine effektive Zusammenarbeit sowohl der Mitarbeiter/-innen untereinander als auch mit und unter den Jugendlichen.
- Die Person ist Dreh- und Angelpunkt! Dazu ist eine Haltung nötig, die nicht alles selbst tun will, sondern mit dem „Zufall" rechnet.

Der fachliche und persönliche Austausch, die Reflexion der Ergebnisse der diversen Studien und die Auseinandersetzung mit dem Studienthema bestimmten das Programm **der fünften Studientagung** am **12. und 13. Mai 2009 im Don-Bosco-Zentrum Berlin**. Den inhaltlichen Schwerpunkt bildete das Thema „Sinn-

konstruktion angesichts individueller und gesellschaftlicher Perspektivlosigkeit". Nach einem individuellen Brainstorming zur
Frage, was dem eigenen Leben wie dem der Jugendlichen Sinn
gibt, wurden Thesen vorgestellt, wie „Sinn" entsteht und wie Jugendliche in ihrem Leben Sinn finden können. Deutlich wurde,
dass Sinn immer erst durch persönliche Reflexion und im „Wer-
deprozess des Lebens" erschlossen und nicht einfach von außen
gestiftet werden kann. Sinn empfangen und Sinn stiften müssen
sich ergänzen. Der christliche Glaube könne daher nicht den Anspruch haben, Sinn unmittelbar zu stiften; wohl aber kann er den
Sinnhorizont erweitern, auch über den Tod hinaus. Der tiefste
Sinn menschlicher Existenz liegt im „Empfangen und Weiterge-
ben von Liebe". In einem letzten Schritt wurde dann versucht,
diese Erkenntnisse in Unterstützungsmöglichkeiten im pädagogischen Alltag zu übersetzen.

Am **29. und 30. September 2009** fand die **sechste Studientagung**
im **Ausbildungshotel in Gadheim** statt. Nach einem Bericht aus
den Einrichtungen und den Entwicklungsschritten seit dem letzten Treffen stand uns der Soziologe Bruder Dr. Michael Hainz
(SJ) aus München als Gesprächspartner zur Verfügung. Obwohl
ihm vieles aus den Berichten der Mitglieder des Projektteams aus
der Soziologie bekannt war, empfand er das Gehörte aus den
Einrichtungen als „erschreckend"! Es seien, so sagte er, authenti-
sche Zeugnisse über das, woran die jungen Menschen heute leiden. Und es brauche genau die Jugendarbeiter/-innen, die so nahe an den Jugendlichen und deren realen Problemen dran seinen,
um eine Anwaltschaft für diese auszuüben. Br. Hainz ging auch
auf die Frage nach der Religion und Spiritualität ein. Religion
bzw. der christliche Glaube sei – so führte er aus – für ihn zunächst einmal kein Zusatz zur Jugendsozialarbeit, sondern deren
innere Dimension. Glaube müsste neu als Mehr-Wert, als Motiva-
tionsquelle, als spirituelle Hermeneutik der Jugend(sozial)arbeit
entdeckt werden. Studienthema des zweiten Tages war dann die
„Neustrukturierung und Systematisierung der Ehrenamtsarbeit".
Nach einer Darstellung der Entstehung und des Wandels der
Freiwilligenarbeit ging es v.a. darum, welche Maßnahmen zur

Gewinnung, Begleitung, Anerkennung und auch Verabschiedung von ehrenamtlichen Mitarbeiter(inne)n nötig sind.

4) Peer Review

Bis zur 2. Studientagung im Oktober 2008 sollten sich jeweils zwei der Einrichtungen gegenseitig im Rahmen eines so genannten Peer Reviews besuchen. Dabei lud sich eine Einrichtung „kritische Freunde" ein (neben der Partnereinrichtung konnten dies z.b. Vertreter des örtlichen Jugendamtes, aus Schulen, der Agentur für Arbeit, der Kommune oder der Nachbarn sein), die ihr Rückspiegelung und Rat gaben. Diese Evaluationsmethode nimmt eine Stellung zwischen interner und externer Evaluation ein. Ziele sind die Präsentation der Einrichtung und der Arbeit vor Ort, die Kontaktaufnahme zu Institutionen im Umfeld und die Überprüfung des Selbstbildes.

5) Feldforschung

Kommunale Statistiken

Ergebnisse und Zahlen der kommunalen Jugendhilfeplanung, der Kriminal- und der Arbeitsmarktstatistik sollten Einblick in die „Jugendnot" vor Ort geben.

„Leute-Befragung"

Ziel der Befragung war es, Hinweise von Ortskundigen zu bekommen, wie sie die Jugendnot erleben (subjektiv), welches Gesicht diese Jugendnot hat (möglichst objektiv) und an welchen Orten betroffene Jugendliche anzutreffen sind. Die Befragten sind in dem Fall Expert(inn)en von außen. Die Studie wurde von Mitarbeiter(inne)n, Zivis o.a. „Insidern" der Einrichtungen durchgeführt.

Besucherprofil

Ein aktuelles Besucherprofil sollte erstellt werden und so einem Vergleich dienen, welche Jugendlichen tatsächlich erreicht werden.

Jugendbefragung

In Zusammenarbeit mit der Seminargruppe an der KSFH Benediktbeuern unter Leitung von Frau Tratberger-Zenker wurde im
November ein explorativ angelegtes empirisches Forschungsprojekt durchgeführt. 21 Studierende der Sozialen Arbeit erkundeten
in Dreierteams den jeweiligen Sozialraum rund um die Einrichtungen und nahmen Kontakt zu den Jugendlichen auf. Methoden
der Lebensweltanalyse (Stadtteilbegehungen, Fotostreifzüge,
Fremdbilderkundung, Institutionenbefragung u.ä.) wurden ergänzt durch ethnografische Ansätze der Kombination von teilnehmender und nichtteilnehmender Beobachtung mit einer leit-
fadengestützten Befragung. Bei der Operationalisierung der Fra-
gestellungen wurde auf Erkenntnisse der Milieuforschung zu-
rückgegriffen.[1] Sichtbare und unsichtbare Dimensionen der Armut in den Bereichen Einkommen, Wohnen, Gesundheit, Bildung, Konsum, Selbstwertgefühl und Lebenszufriedenheit sollten erfasst werden. Das Ziel war, ein möglichst umfangreiches,
wenn auch subjektives Bild über die Nöte der jungen Menschen
zu bekommen, das es den Einrichtungen ermöglicht, „Situati-
onspotenziale" (Früchtel, Budde, Cyprian 2007:21) aufzuspüren,
um auf die multiplen Notlagen Jugendlicher in „situativer Wirk-
samkeit" (ebd.) angemessen und flexibel reagieren zu können. So
entstanden zwar keine repräsentativen Statistiken, aber ein au-
thentisches Bild der Jugendszenen mit vielfältigen und anschau-
lichen Materialien.

6) Teamtage, Klausuren und Reflexionsbesuche

Im zweiten Projektjahr wurden die einzelnen Einrichtungen vom
Projektteam in unterschiedlicher Intensität vor Ort begleitet. In
manchen fanden unter der Leitung von Angelika Gabriel, Clau-

---

[1] Vgl.. *Michael N. Ebertz:* Was sind soziale Milieus?, in: Lebendige Seelsorge, 57 (2006) 258-264. *Michael Hainz:* Fremde Milieus und Neue Armut als
Herausforderung für die Jugendpastoral; unveröff. Manuskript, München
(2008); *Stefan Hradil:* Soziale Milieus - eine praxisorientierte Forschungs-
perspektive, in: Aus Politik und Zeitgeschichte 56 Jg., 44-45 (2006), 3-10;

dius Hillebrand und/oder Hildegard Zinner Team- oder Klausurtagungen für die haupt- und/oder ehrenamtlichen Mitarbeiter/-innen statt. Zwischen der fünften und sechsten Studientagung fand an jedem Ort schließlich ein abschließender Reflexionsbesuch statt. Hier ging es um eine Bewertung des Projektverlaufs in der Einrichtung, um ein Feedback der Projektleitung, um die Festlegung eines Workshop-Themas für das Symposium und um einen Blick über das Projekt hinaus.

4. Ergebnisse und Wirkungen des Projektes

Nach Rücksprache mit den Projektpartner(inne)n und den Mitgliedern des Beirats können folgende Ergebnisse und Wirkungen festgehalten werden:

(1) Die Zielgruppe der besonders benachteiligten Jugendlichen, der „Ausgeschlossenen" und „Überflüssigen" (Bude) unserer Gesellschaft wurde wieder klar in den Blick genommen.

Neben einer wissenschaftlichen Analyse gesellschaftlicher Entwicklungen wurden soziokulturelle und anthropogene Voraussetzungen jeweils im Sozialraum der Einrichtungen mittels verschiedener empirischer Forschungsmethoden eruiert.

(2) Der Träger erhielt Klarheit über den Zustand der einzelnen Einrichtungen.

Durch die regelmäßigen Gespräche bei den Studientagungen und den Besuchen vor Ort konnte sich die Projektleitung ein gutes Bild über die jeweilige Situation in den einzelnen Einrichtungen machen und gezielt darauf reagieren. In den Beiratssitzungen konnten mögliche konzeptionelle Schritte mit Trägervertretern abgestimmt werden.

(3) Spezielle Themen wurden im Rahmen der Studientagungen inhaltlich vertieft (vgl. Auflistung in 3.3).

Bei jeder Studientagung wurde ein praxisrelevantes, alle Einrichtungen betreffendes Thema bearbeitet. Im Verbund mit Praxisberichten und mit dem Instrument der kollegialen Beratung wurde so eine neue Art von kontinuierlicher Fortbildung etabliert, die nachhaltiger wirkt als punktuelle Fortbildungsveranstaltungen.

(4) Systematische Reflexionsprozesse wurden in Gang gesetzt.

Angeregt durch die Studientagungen sowie durch die jeweils danach zu erledigenden „Hausaufgaben" wurde in den Einrichtungsteams vor Ort ein intensiverer Austausch über anstehende Fragen geführt als es bis dato der Fall war.

(5) In den Einrichtungen wurden unterschiedliche konkrete Entwicklungsschritte konzeptioneller Art vollzogen.

Insgesamt wurden während der Projektphase und werden derzeit noch in den acht Einrichtungen vier Konzepte völlig neu erstellt und drei punktuell überarbeitet.

(6) Die Kooperation mit der KSFH und zahlreichen Fachleuten bereicherte den Projektverlauf.

Die Zusammenarbeit mit der Seminargruppe „Qualitative Sozialforschung" (Leitung: Frau Petra Tratberger-Zenker) und dem Vertiefungsbereich Jugendarbeit der Kath. Siftungsfachhochschule Benediktbeuern (Leitung: Frau Dekanin Prof. Dr. Ursula Mosebach, die auch im Beirat mitarbeitete) erwies sich als äußerst hilfreich und hatte für beide Seiten nachhaltigen Effekt. Außerdem konnten Fachleute in die Arbeit einbezogen werden. Als wichtig für die Steuerung und für den Erfolg des Projektes erwies sich eine enge Verzahnung mit dem Auftraggeber, der Deutschen Provinz der SDB.

(7) Es entstand der Wunsch der Einrichtungen nach weiterer systematischer Begleitung.

Bei der Reflexion des letzten Studientages artikulierten die Projektpartner unisono das Bedürfnis, die gehaltvolle und hilfreiche

Zusammenarbeit im Projekt auch künftig fortzusetzen, z.B. in Form der Strukturkonferenzen. Das JPI-Team wird zusammen mit der Provinzleitung nach Wegen suchen, die eine nachhaltige Wirkung des Projektes sicherstellen.

(8) Das Projekt und seine Ergebnisse werden verbreitet.

Das Innovationsprojekt stößt im Feld der offenen Jugend(sozial)-arbeit auf Interesse. Die in fünf präzise Thesen gegossenen Resultate wurden bereits in der Jugendkommission der Deutschen Bischofskonferenz sowie bei den Diözesanbeauftragten für Jugendsozialarbeit in Bayern vorgestellt und rege diskutiert. Prof. Lechner konnte in einer wissenschaftlichen Publikation den Beitrag „Durch Diakonie ‚predigen', die offene Kinder- und Jugendarbeit als ‚Anders-Ort' der Begegnung von Jugend und Kirche" veröffentlichen (vgl. M. Meyer-Blanck/U. Roth/J. Seip (Hg.): Jugend und Predigt. Zwei fremde Welten? München 2008, 68-76).

5. Perspektiven

Mit dem Symposium am 16. und 17. November 2009 in Benediktbeuern, dessen Beiträge und Ergebnisse in diesem Buch dokumentiert sind, wurde das Projekt offiziell abgeschlossen.

Allerdings wird der „Aufwind", der die Einrichtungen durchwehte, weiter Auftrieb geben: innersalesianisch durch die Wiederbelebung der Fachkonferenzen mit inhaltlicher Unterstützung durch das JPI-Team. Nach außen sollen durch vorliegende Publikation sowie durch die Veröffentlichung und Diskussion unserer Thesen und Forderungen Akzente gesetzt werden.

Thesen und Forderungen zur offenen Jugend(sozial)arbeit

M. Lechner, A. Gabriel, C. Hillebrand, H. Zinner
in Kooperation mit den Projektpartnern und dem Projektbeirat

1. „Auf Null gesetzt"

Die moderne, nach Wachstum süchtige Gesellschaft produziert ein wachsendes Heer von ausgeschlossenen und „überflüssigen" jungen Menschen. Die Vorbereitung auf ein Leben ohne Erwerbstätigkeit muss heute ein Ziel der Arbeit mit dieser Zielgruppe sein!

Bei den Arbeitsagenturen gibt es den festen Ausdruck „Auf Null gesetzt". Dieser gängige Verwaltungsjargon bezeichnet jene Personengruppe unter den Arbeitslosen, die infolge wiederholter Auflagenverweigerung aus Unterstützungsbezügen (Arbeitslosengeld II/ Sozialgeld) herausgefallen sind. Derart als „Null" gesetzt zu werden hat nicht nur finanzielle, sondern auch gesellschaftliche Folgen. Es heißt, übersehen, abgeschrieben und vergessen zu sein. Exklusion ist das Schicksal einer wachsenden Zahl von jungen Menschen. Wer – aus welchen Gründen auch immer – weder über die nötigen schulischen Abschlüsse und arbeitsmarktgängigen Qualifikationen noch über ausreichend physische und psychische Potentiale verfügt, der wird heute auf dem Arbeitsmarkt nur wenig gefragt sein. Die aktuelle sozialwissenschaftliche Literatur thematisiert dieses Problem unter Stichworten wie „verworfenes Leben"[1], die „Ausgeschlossenen"[2] und die „Überflüssigen"[3].

---

[1] *Bauman, Zygmunt:* Verworfenes Leben. Die Ausgegrenzten der Moderne, Hamburg 2005.

[2] *Bude, Heinz:* Die Ausgeschlossenen. Das Ende vom Traum einer gerechten Gesellschaft, München 2008.

[3] *Bude, Heinz und Willisch, Andreas (Hg.):* Exklusion. Die Debatte über die „Überflüssigen", Frankfurt a. Main 2008; auch *Kronauer, Martin:* Exklusion. Die Gefährdung des Sozialen im hoch entwickelten Kapitalismus, Frankfurt/New York, 2002.

Angesichts dieser, für viele Jugendliche aussichtslosen Lage erweist sich das Bemühen der offenen Jugend(sozial)arbeit um eine berufliche Bildung individuell beeinträchtigter und sozial benachteiligter junger Menschen als zwiespältig. Einerseits ist der Erwerb beruflicher Kompetenzen, auch wenn sie nur einfacher Art sind, ein Wert an
sich. Andererseits aber stellt sich angesichts der prekären Arbeits-
marktlage für schwächere Jugendliche die Frage in aller Schärfe, warum man eine Ausbildung machen soll, wenn man keine Chance damit
hat. Auf dieses Motivationsproblem geben die derzeit gängigen Ziele
und Instrumente der Arbeitsverwaltung keine adäquate Antwort.
Denn wie der Report des Bundesinstituts für Berufsbildung feststellt,
ist „ein nicht unbedeutender Teil der Jugendlichen, die nach Verlassen
der allgemein bildenden Schulen zunächst an einer Übergangsmaß-
nahme teilgenommen haben, auch drei Jahre danach noch nicht in eine Berufsausbildung eingemündet."[4] Trotz solcher „Maßnahmekar-
rieren" (etwa ein Drittel aller Teilnehmer/-innen durchläuft mehrere
Förderkurse) gelingt nur etwa 30 Prozent dieser Jugendlichen die Integration in den Arbeitsmarkt.

Nimmt man dies ernst, so ist überdeutlich, dass es heute nicht
mehr ausreicht, schwächeren Jugendlichen „nur" eine berufliche Qua-
lifizierungsmaßnahme anzubieten. Auch bei diesen Jugendlichen
muss von einem weiten, nicht auf berufliche Verwertbarkeit einge-
grenzten Bildungsbegriff ausgegangen werden (vgl. These 2). Es gilt
also, sie in gleichem Maße beim Erwerb persönlicher, kognitiver, emo-
tionaler und sozialer Kompetenzen zu fördern. Man muss sie so qualifizieren, dass sie trotz der „Beschäftigungsrisiken" und trotz möglicher (dauerhafter!) Erwerbslosigkeit ein sinnvolles Leben führen können. Für die offene Jugend(sozial)arbeit sind deswegen folgende Aufgaben von besonderer Dringlichkeit:

- **Niedrigschwellige Angebote:** Die offene Jugend(sozial)arbeit
  muss Angebote bereitstellen, die Jugendliche in ihren Lebenswelten abholen, die gut erreichbar und zeitlich flexibel
  sind, die auf personalen Beziehungen und Verlässlichkeit ba-

---

[4] *Bundesinstitut für Berufsbildung (Hg.):* BiBB Report 11/2009, Bonn 2009,
     hier S. 14.

sieren und die erste Erfolgserlebnisse zur Kompensation bisheriger Enttäuschungen versprechen.

• **Vernetzte Förderung:** Die offene Jugend(sozial)arbeit muss ein ineinandergreifendes, mehrdimensionales Fördersystem anstoßen und sich bei der Umsetzung vor Ort engagiert einbringen: durch Vernetzung von Jugendhilfe und Arbeitsverwaltung sowie durch eine systematische Kooperation im Hinblick auf die Zielgruppe (ASD, Schulen, mobile Jugendarbeit, Jugendzentren, Polizei, Jugendgerichtshilfe, Sozialamt, Agentur für Arbeit, ARGE, IHK etc.);

• **Politische Einflussnahme:** Die offene Jugend(sozial)arbeit muss sich als Anwältin der ausgegrenzten Jugendlichen verstehen. Sie hat nicht die Not zu verwalten, sondern Wege aus ihr zu gestalten. Das bedeutet auch, sich für einfachere Ausbildungswege und eine Ausdifferenzierung der Arbeitsplätze einzusetzen.

• **Ressourcenorientierung:** Benachteiligte Jugendliche haben nicht nur Defizite, sondern auch Potentiale. Die hauptberuflichen Mitarbeiter/-innen sollen sich daher nicht an den Defiziten der Jugendlichen abarbeiten, sondern ihre Arbeit aus der Perspektive einer Ressourcenorientierung leisten.

2. Schulische Bildung als falsche Verheißung

Die offene Jugend(sozial)arbeit ist häufig konfrontiert mit Jugendlichen auf niedrigstem Bildungsniveau. Sie muss als ergänzender, kompensatorischer und damit gleichwertiger Bildungsort zu Schule und Familie entwickelt und anerkannt werden!

Die derzeit wirkmächtigste „Verheißung" für junge Menschen ist die der Bildung: Je höher die Qualifikation, desto größer die Chance, dauerhaft auf dem ersten Arbeitsmarkt und somit in der Gesellschaft integriert zu sein. Bildung gilt als wichtigster Schlüssel zu geregeltem Einkommen, Chancengleichheit und sozialer Sicherheit.

Diese Bildungsverheißung erweist sich aber als durchaus ambivalent: Einerseits ist Bildung in einer Wissensgesellschaft für heutiges

Leben unverzichtbar. Verstanden als Selbstaneignung des Subjekts „in Auseinandersetzung mit seiner sozialen, kulturellen und natürlichen Umwelt"[5] und als ganzheitliche Bildung ist sie wesentliche Aufgabe des Jugendalters und besitzt einen Wert an sich. Andererseits aber scheint die schulische Bildung allein nicht in der Lage zu sein, den Bildungsbedürfnissen aller Kinder und Jugendlichen gerecht zu werden. Internationalen schulischen Vergleichsstudien zufolge hängt in Deutschland der Bildungserfolg wie in keinem anderen Land von der Herkunft ab. Auch ist die Zahl der Jugendlichen, die eine Klasse wiederholen oder die ganz den Schulbesuch verweigern, in den letzten Jahren deutlich gestiegen. Die vermehrten Klagen von Arbeitgebern über fehlende Grundkompetenzen Auszubildender belegen das Versagen des Bildungssystems besonders bei schwächeren Jugendlichen. Längst stehen Begriffe wie „Bildungsverwahrlosung" für das Versagen des Bildungssystems.

Von Bildungsgerechtigkeit und gleichen Chancen für alle kann hierzulande also keineswegs die Rede sein. Denn trotz aller Anstrengungen zur Reform der formellen Bildungsinstitutionen hängt der individuelle Bildungserfolg letztlich vom kulturellen Kapital des Elternhauses und vom sozialen Umfeld, eben dem informellen Lernumfeld der Jugendlichen, ab. Hinzu kommt, dass „sozialräumliche Polarisierungsprozesse (…) innerhalb einer Stadt zu einer Konzentration von bildungsnahen und bildungsfernen Bevölkerungsgruppen in bestimmten Stadtteilen"[6] führen.

Deshalb ist es unseres Erachtens dringend von Nöten, die offene Jugend(sozial)arbeit als ergänzenden, kompensatorischen und gleichwertigen Bildungsort zu Schule und Familie anzuerkennen und dementsprechend zu entwickeln.

---

[5] *Bundesministerium für Familie, Senioren, Frauen und Jugend (Hg.):* Bericht über die Lebenssituation junger Menschen und die Leistungen der Kinder- und Jugendhilfe in Deutschland. 12. Kinder- und Jugendbericht, Berlin 2006, S. 83.

[6] *Van den Brink, Henning:* Von feinen Unterschieden zu großen Unterschieden; in: Bundeszentrale für politische Bildung (Hg.): Aus Politik und Zeitgeschichte (APuZ), 17/2009, S. 8-14, hier S. 11.

Dies erfordert folgende Innovationen:

- **Effizientere Vernetzung im Sozialraum:** Wo es möglich ist, muss eine sozialräumliche Verbindung von Schule und offener Jugend(sozial)arbeit mit einer Orientierung an den sozialen und kulturellen Problemen der jungen Menschen im Sozialraum hergestellt werden. Diese Kooperation muss „auf Augenhöhe" geschehen, auf kommunaler Ebene koordiniert und mit einer klaren Regelung der jeweiligen Aufgaben und Kompetenzen versehen werden[7];

- **Vermittlung von Schlüsselqualifikationen:** Als Ziel von Bildung muss die Vermittlung von Schlüsselkompetenzen (die OECD nennt u.a. folgende zu bildende Fähigkeiten: Interaktive Anwendung neuer Technologien; Interaktive Anwendung von Sprache, Symbolen und Texten; gute und tragfähige Beziehungen unterhalten; Bewältigung und Lösen von Konflikten; Realisieren von Lebensplänen) anerkannt und konsequent verfolgt werden. Dazu gehört es, junge Menschen beim Erwerb jener Kompetenzen zu unterstützen, die sie brauchen, um ihr Leben selbst in die Hand zu nehmen und erfolgreich gestalten zu können.

- **Rechtliche Absicherung:** Die Einrichtungen der offenen Jugend(sozial)arbeit sind rechtlich als Bildungsorte auszuweisen und mit einer entsprechenden finanziellen Ausstattung zu versehen.

3. Von einer Freizeiteinrichtung zu einem Sozialzentrum

Um der neuen Jugendnot gerecht zu werden, muss sich die offene Jugend(sozial)arbeit handlungsfeldübergreifend und zielgruppenspezifisch aufstellen!

---

[7] Vgl. *Deinet, Ulrich:* Kooperation aus Sicht von Kindern und Jugendlichen, Schulen und Jugendhilfe – Schnittmengen und Unvereinbarkeiten. Referat.

Mit dieser These wird eingefordert, was in der Praxis bereits gang und gäbe ist: Die offene Jugend(sozial)arbeit bietet zugleich offene Angebote als auch spezifische Hilfen, die rechtlich in die Aufgabenbereiche der Jugendarbeit, der Jugendsozialarbeit sowie der Hilfen zur Erziehung fallen. Diese Überschneidungen fordern heraus: Wie können offene Angebote der Jugendarbeit und der Jugendsozialarbeit – sowie der Hilfen zur Erziehung – rechtlich und praktisch zusammengedacht werden? Wir nennen das „offene Jugend(sozial)arbeit".

Das SGB VIII trennt die beiden Felder deutlich sowohl in der avisierten Zielgruppe als auch in den daraus entwickelten Zielvorgaben und den Aufgaben, Formen und Strukturmerkmalen. Während die Jugendarbeit nach §§ 11 und 12 SGB VIII von dem Interesse und den Bedürfnissen junger Menschen ausgeht, wendet sich die Jugendsozialarbeit nach § 13 SGB VIII speziell an Jugendliche, die von sozialer Benachteiligung und individueller Beeinträchtigung betroffen sind. In der Praxis lässt sich eine deutliche Trennung häufig nicht vollziehen. Schon 2002 stellen Deinet, Norber und Sturzenhecker fest, dass „vor allem Offene Kinder- und Jugendarbeit in ihrer Realität oftmals ein Angebot für Jugendliche sozial benachteiligter Lebenslagen und damit unter der Hand letztlich handfeste ‚Jugendsozialarbeit' ist"[8].

Wenn die Einrichtungen ihr Angebot also nahe an den Bedürfnissen der jungen Menschen ausrichten, ist es unerlässlich, zielgruppenspezifische und handlungsfeldübergreifende Formen anzubieten, die klar um ihren Auftrag wissen.

---

[8]   Zitiert in: *Rose, Lotte:* Blitzlichter zu aktuellen Herausforderungen in der Kinder- und Jugendarbeit. deutsche jugend, 53. Jg. 2005, H. 12, S. 515.

Folgende Optionen ergeben sich:

- Differenzierte Hilfen: Stellt man die jungen Menschen selbst mit ihren Interessen, Lebenslagen und ggf. Problemen – und nicht arbeitsmarkt-, bildungs-, integrations- oder andere politische Vorgaben – in den Mittelpunkt der Betrachtung, dann sind Angebote und Hilfen der offenen Jugend(sozial)arbeit in differenzierter und professioneller Weise zu organisieren. Die Situation der Jugendlichen vor Ort bestimmt welche Angebotsform angemessen ist.

- Einseitigkeiten wehren: Wenn gilt, dass „das eine zu tun ist ohne das andere zu lassen", dann müssen die Praktiker/ -innen in der offenen Jugend(sozial)arbeit eine Gratwanderung vollziehen. Es besteht die Gefahr, dass offene Jugend(sozial)-arbeit einseitig sozialpolitisch in Anspruch genommen wird und ihre ureigenen Kernaufgaben, nämlich zugleich praktische Hilfen anzubieten sowie Experimentierfeld und Gelegenheitsstruktur für Selbstorganisation, Autonomie und Selbstsozialisation zu sein, verliert.[9] Ein klares Profil ist demnach nötiger denn je!

4. Spezialisierter und vernetzter Generalist

In der offenen Jugend(sozial)arbeit brauchen die Mitarbeiter/-innen spezifische Kompetenzen, die derzeit nirgendwo ausgebildet werden. Neben der Fachlichkeit sind in diesem Feld vor allem Wertschätzung und Zuwendung gefragt.

Gesellschaftlicher Wandel, die tief greifenden Veränderungen im Aufwachsen von Kindern und Jugendlichen sowie die neue Perspektivlosigkeit junger Menschen stellen neue Herausforderungen an das pädagogische Konzept der offenen Jugend(sozial)arbeit. Neben der „klassischen" Treffpunktarbeit, der nach wie vor als niederschwelligem Angebot große Bedeutung zukommt, muss offene Jugend(sozial)arbeit heute neue Akzente setzen. Sie hat Entfaltungs-

---

[9] Vgl. dazu die Kernempfehlungen zur EU-Jugendstrategie 2010-2018, Positionspapier der AGJ; in: Jugendhilfe 47, 5/2009.

und Erprobungsräume für die Entwicklung von kreativen, intellektu-
ellen und sozialen Schlüsselkompetenzen zur Verfügung zu stellen;
sie muss medienpädagogische Angebote machen und politische Bildung anregen. Auch kommt sie nicht ohne Maßnahmen des Jugend-
schutzes aus, der Suchtprävention und Gesundheitsförderung.
Schließlich hat sie ihren Beitrag zur Persönlichkeitsentfaltung, zur Be-
rufs- und Lebensplanung, zur jugendkulturellen Bildung, zur Aneig-
nung von Werten und zur gesellschaftlichen Partizipation Jugendlicher zu leisten. Nicht zuletzt leistet sie ganz praktische Hilfen zum
Leben.

Eine solch multiperspektivische Konzeption von Jugend(sozial)-
arbeit stellt an das Fachpersonal vielfältige und komplexe Anforderungen. Es wird von den hauptberuflichen Mitarbeiter(inne)n nicht
nur ein professionelles fachliches Arbeiten verlangt, sondern wesentlich auch personale Kompetenzen, um Jugendlichen aufmerksam und
wertschätzend begegnen zu können.

Die Qualifikationen, die Mitarbeiter/-innen in der offenen Ju-
gend(sozial)arbeit benötigen, sollten daher auf drei Kompetenzsäulen
stehen, die unabdingbar miteinander verbunden sind: „das methodisch richtige Handeln, das zwischenmenschliche Beziehungsgesche-
hen und der Kontakt mit der Persönlichkeit des Handelnden und seiner ganzen Wertewelt".[10]

- **Fachlichkeit:** Eine breite fachliche Qualifizierung für die Felder der offenen Jugend(sozial)arbeit und die Aus- und Weiterbildung von spezialisierten und vernetzten Generalisten
  muss an den Ausbildungsinstitutionen geleistet werden.

- **Menschlichkeit:** Für personenbezogene Dienstleistungen wie
  sie in der offenen Jugend(sozial)arbeit angeboten werden, ist
  die Beziehung von fundamentaler Bedeutung. Neben der
  Ausbildung der Fachlichkeit ist demnach ebenso die Persön-
  lichkeits- oder „Herzensbildung" der hauptberuflichen Fach-
  kräfte zu fördern.

---

[10]   Berufen zur Caritas, 5. Dezember 2009 (= Die deutschen Bischöfe, Nr. 91,
      hrsg. vom Sekretariat der Deutschen Bischofskonferenz, Bonn 2009), S. 40.

- **Spezifische Werte und Haltungen**: Die Persönlichkeit und Motivation der Sozialarbeiter/-innen, ihre Werte und Haltungen, das Welt-, Menschen- und auch Gottesbild sind ausschlaggebend für ihre Haltung gegenüber den jungen Menschen. Darum ist es dringend notwendig, sich über die eigene weltanschauliche Wertebasis durch kontinuierliche Reflexion und Begleitung in Fort- und Weiterbildungsangeboten Rechenschaft zu geben und sie immer wieder neu zu bestimmen.

5. Und was geht das die Kirche an?

Die Kirche in Deutschland und ihre Jugendarbeit stellen sich nicht entschieden genug auf die Seite der ausgegrenzten und nicht wahrgenommenen Jugendlichen! Dies gilt in sozialer, politischer sowie in spiritueller Hinsicht.

„Freude und Hoffnung, Trauer und Angst der Menschen, besonders der Armen und Bedrängten aller Art, sind auch Freude und Hoffnung, Trauer und Angst der Jünger Christi. Und es gibt nichts wahrhaft Menschliches, das nicht in ihren Herzen seinen Widerhall fände." Dieser viel zitierte programmatische Satz, mit dem das Konzil die pastorale Konstitution über die Sendung der Kirche in der Welt von heute („Gaudium et spes") beginnt, scheint maßgebend für die Antwort auf die eingangs gestellte Frage. Will die Kirche nicht ihre Identität verraten, kann sie gar nicht anders als sich den „Verworfenen" und den „Überflüssigen" zuzuwenden. In der Begegnung mit ihnen erwartet sie Begegnung mit Christus (Mt 25).

Mit der offenen Jugend(sozial)arbeit besitzt die Kirche – neben anderen Diensten und Angeboten – eine angemessene Form der Antwort auf die neuen Notlagen junger Menschen. Im Unterschied zu den Arbeitsagenturen und Arbeitsgemeinschaften (ARGE), bei denen Integration in den Arbeitsmarkt, gesetzliche Regelungen und normierte Hilfeleistungen im Vordergrund stehen müssen, richtet die offene (katholische) Jugend(sozial)arbeit ihr Augenmerk auf die Lebenssituation von Kindern und Jugendlichen. Dies bedeutet im Wesentlichen eine vierfache Aufgabe:

- **Räume der Anerkennung:** Offene Jugend(sozial)arbeit muss Räume schaffen, in denen junge Menschen (Selbst-)Achtung erfahren – anders als in vielen anderen Lebenszusammenhängen.

- **Lern- und Bildungsorte:** Offene Jugend(sozial)arbeit muss durch die Bereitstellung von Orten des Lebens und Lernens für diese Jugendlichen Zukunftsperspektiven eröffnen. Neben der Anerkennung und Achtung ihrer Würde geschieht dies vor allem durch eine ressourcen- und ermutigungsorientierte Erziehung und Bildung.

- **Wertekommunikation:** Der katholischen Jugend(sozial)arbeit als weltanschaulich orientiertem Träger muss es im Interesse der Jugendlichen und der Gesellschaft daran gelegen sein, grundlegende Werte menschlichen Zusammenlebens zu vermitteln und zu einer moralisch integren Alltags- und Lebensbewältigung unter Anerkennung der bürgerlichen Rechts- und Sozialordnung zu befähigen.

- **Parteilichkeit und Anwaltschaft:** Darüber hinaus muss sich die Kirche in innerkirchlichen sowie in sozialpolitischen Diskussionen entschieden auf die Seite der benachteiligten, ausgegrenzten und nicht (mehr) wahrgenommenen jungen Menschen stellen. Die Anwaltschaft darf sich aber nicht auf einzelne Orte und punktuelle Angebote beschränken, sondern muss ein leidenschaftliches Eintreten für Chancen eröffnende und würdige Lebensumstände sein.

- **Finanzierung:** Wenn die verfasste Kirche in ihrer Wertschätzung diakonischer Arbeit mit jungen Menschen glaubwürdig sein will, so muss dies auch in einer dementsprechenden Mittelverteilung – sprich in einer gerechten Zuweisung von Spenden- und Steuermitteln auch an Projekte der offenen Jugend(sozial)arbeit – zum Ausdruck kommen.

Stimmen zum Projekt

1. Br. Dr. Michael Hainz SJ
Geschäftsführer Institut für Gesellschaftspolitik und Lehrbeauftragter a. d. Hochschule für Philosophie, Mchn.

Das Projekt „Aufwind" habe ich mit großer Empathie und Interessiertheit verfolgt. Denn das Thema „Jugend in Not" beschäftigt mich aufgrund meiner Zugehörigkeit zum Jesuitenorden und der Armutsspiritualität unseres Gründers, des hl. Ignatius von Loyola[1]; es berührt mich auch aufgrund meiner Projekte an Orten menschlicher Not. Manchmal denke ich mir, man muss entweder ein Experte oder ein Verrückter sein, wenn man sich dieser Thematik widmet. Für mich scheint das Zweite zu gelten. Narren haben freilich das Privileg, aufrichtig und irritierend zu sein. Das trifft sich gut mit der Jugendsozialarbeit, deren Güte sich nicht zuletzt an der „Irritation und Transformation" von eingebürgerten Denk- und Handlungsroutinen bemisst.[2]

Meine Mitwirkung am Projekt „Aufwind" war zwar auf „nur" zwei Treffen begrenzt. Aber die Einladung, einen „fremdprophetischen" Beitrag zu leisten, habe ich gerne angenommen, und zwar aus drei Gründen:

- Erstens wegen „Benediktbeuern": Ich will der Verbundenheit der Hochschule der Jesuiten in München mit der hiesigen Theologischen Fakultät und der Katholischen Fachhochschule für Soziale Arbeit Ausdruck verleihen.

- Zweitens wegen der Zielgruppe: benachteiligte und individuell beeinträchtigte Jugendliche. Sie entspricht der Nachfolge des armen Christus und der „vorrangigen Liebe zu den Armen" der katholischen Soziallehre.

- Drittens wegen des Jugendpastoralinstituts: Mich haben der wertschätzende Stil, die Professionalität und das selbstlose

---

[1] Vgl. *Hainz, Michael:* Freundschaft mit Armen, Würzburg 2006.

[2] Vgl. *Belle, Andreas:* Bildung und Jugendsozialarbeit, Düsseldorf 2006.

Engagement der Mitarbeiter/-innen des Projekts „Aufwind"
bei der vorbereitenden Studientagung in Gadheim sehr be-
eindruckt.

Als Jesuit möchte ich den Mitbrüdern in der Ordensgemeinschaft der
Salesianer Don Boscos zu ihren wunderbaren Mitarbeiterinnen und
Mitarbeitern in ihrer Jugendsozialarbeit und im Jugendpastoralinstitut Don Boscos gratulieren. Wissen Sie, welches Schatzkästchen voller
Diamanten Sie hier haben? Menschen mit Herz und Verstand, frei von
„ungeordneten Anhänglichkeiten" – engagierte Mitarbeiter/-innen,
die mit einer fundierten Professionalität, die sich auf Augenhöhe mit
den gegenwärtigen „best theories" und „best practices" der Jugendhilfe befindet, das Anliegen Don Boscos im Heute konkretisieren.

Dieses fruchtbare Einverständnis Ihrer Mitarbeiter/-innen aber
könnte es ohne den salesianischen Kontext und ohne Ihr eigenes spiri-
tuelles Erbe nicht geben. Bei der erwähnten Studientagung des Projekts „Aufwind" im September in Gadheim stand uns allen vor Augen, wie wichtig die Zusammensetzung und die „Pflege" der Mitar-
beiterteams sind. Erlauben Sie mir, in meiner Rolle als „Narr" es mal
ganz ungeschützt zu formulieren: Sie als Salesianer Don Boscos haben
die Aufgabe, Ihre Mitarbeiter/-innen, die an den vielfach ausgegrenzten, innerlich oftmals verwahrlosten Jugendlichen pädagogisch nahe
„dran sind", nicht bloß fachlich, sondern vor allem auch seelsorglich
und spirituell zu begleiten. Ihnen obliegt m. E. deren kontinuierliche
teilnehmende Inspiration. Dies geschieht am fruchtbarsten in „Pasto-
ralgemeinschaften" vor Ort, in denen Laien und Ordensangehörige
miteinander die salesianische Option für junge Menschen, besonders
für die ärmeren, zu realisieren bemüht sind. Ihre Mitarbeiter/ innen
erwarten von Ihnen als Salesianer, dass Sie das zukunftsträchtige
Charisma Ihres Gründers Johannes Bosco anschlussfähig ins Heute
übersetzen und mit ihnen teilen. Dies macht dann den qualitativen
'Mehrwert' salesianischer Einrichtungen aus.

Ich wünsche dem JPI und der salesianischen Gemeinschaft weiterhin den Geist, den ich in der Zusammenarbeit verspürt habe. Es ist
der Heilige Geist, den wir im Pfingsthymnus als den „Vater der Armen" bekennen und als den, der „lebendig macht" (Joh 6,64). Möge

ER uns in unserem Bemühen stärken, die Not der Jugend heute zu sehen und zu wandeln.

2. Dipl.-Soziologin Petra Tratberger-Zenker
Lehrbeauftragte an der KSFH München

Im Hauptstudium sieht der Modulplan des Bachelor-Studiengangs „Soziale Arbeit" an der KSFH eine Vertiefung und Umsetzung des bis dahin eher theoretisch vermittelten Wissens in empirischer Sozialforschung vor. Das Innovationsprojekt „Aufwind" des Jugendpastoralinstituts Don Bosco (JPI) bot den Student(inn)en die Möglichkeit, praxisnah und anwendungsorientiert den Ablauf eines Forschungsprozesses kennen zu lernen und mit zu gestalten und darüber hinaus Einblick in die offene Jugendarbeit zu erhalten – und das in einer Intensität, die deutlich über den Rahmen des im Studium Üblichen hinausging:

Die bundesweite Streuung der Projektpartner vermittelte einen Einblick in regionale Charakteristika und Besonderheiten des Forschungsfeldes und des Forschungsgegenstands: „Es kann sehr anstrengend sein, auf andere Leute zugehen zu müssen – vor allem, wenn man sich im Dialekt sehr unterscheidet!" „Man lernt unterschiedliche Milieus kennen, und man lernt, sich selbst zu überwinden und auf die Jugendlichen zuzugehen".[3]

Der Einblick in die Arbeit der Einrichtungen war für die meisten Student(inn)en „zukunftsweisend", wenn auch mit unterschiedlichen Konsequenzen: „Die offene Jugendarbeit ist sehr spannend, aber nichts für mich!" „Wir haben die professionelle offene kirchliche Jugendarbeit im ‚Problemviertel' kennen gelernt – da ist eine hohe Frustrationstoleranz nötig. Ein spannender Einblick, aber nichts für meine persönliche Zukunft." „Offene Jugendarbeit wär' schon was für mich – ich gehe auf alle Fälle im Sommer nochmal hin, um ein Praktikum zu machen."

---

[3]   Alle Zitate aus teilstandardisierten Interviews mit den Studierenden im Rahmen einer systematischen Reflexion ihrer Forschungserfahrungen und Feldbeobachtungen.

Auch im persönlichen Bereich haben die Studierenden nach eigenen Aussagen profitiert:

- „Ich habe viel über meine Mitstudenten gelernt, über ihre Arbeitsweisen, ihre Kontaktaufnahme." „Auf jeden Fall wurden Freundschaft und soziale Kompetenz bereichert." „Wir haben mal über den Tellerrand geschaut und sind jetzt sensibler und aufmerksamer."

- Die Studierenden haben die Vielschichtigkeit von Jugendarmut, ihre sichtbaren und unsichtbaren Ausformungen reflektiert und für sich persönlich und fachlich profitiert. Für die Einrichtungen erwarteten wir uns Ansatzpunkte für eine Erweiterung ihres Handlungskonzepts durch die subjektive Perspektive (den Blick von „außen") und die fachliche Perspektive (als angehende Sozialarbeiter/-innen) des studentischen Projektteams, von dessen relativer altersmäßiger Nähe zum Forschungsgegenstand zudem Vorteile erhofft wurden.

- Der enge Kontakt zwischen Forscher(inne)n und Mitarbeiter(inne)n der Einrichtungen war auch beim Umgang mit Problemen bei der Erarbeitung des Forschungsdesigns wichtig: Die zeitlichen Begrenzungen und Energie absorbierenden Strukturen des BA-Studiums machten mehrfache, längere Feldaufenthalte, wie sie eine ethnographisch orientierte Untersuchung eigentlich voraussetzt, unmöglich. Inwieweit konnten die Student(inn)en in zwei bis drei Tagen wirklich einen Einblick in die Szene/-n und aussagekräftige Ergebnisse erhalten? Hier war, neben einer fundierten Theoriebasis zum Thema Jugendmilieus und Jugendarmut, die Weitergabe des Experten-Wissens der Einrichtungsmitarbeiter/-innen an die Forscher/-innen und die gute Vorbereitung der Feldkontakte, der Beobachtungen und Befragungen, sowohl an der KSFH als auch vor Ort von entscheidender Bedeutung.

Mit diesem Support und durch eine Triangulation verschiedenster Methoden, von der standardisierten Befragung bis hin zum Einsatz von Instrumenten der Sozialraumerkundung wie Stadtteilbegehungen oder Fotostreifzüge, konnten so auch unter teilweise eingeschränkten

Rahmenbedingungen qualitativ und quantitativ interpretierbare Daten erhoben werden.

Von Seiten der Dozentin bleibt anzumerken, dass ohne die personelle, inhaltliche und organisatorische Unterstützung des JPI ein so komplexes Projekt im Rahmen einer regulären Lehrveranstaltung schwer durchführbar gewesen wäre. Ohne die Bereitschaft der Studierenden zu einem den vorgegebenen „workload" des BA-Studiums deutlich übersteigenden Engagement allerdings auch nicht! Sie haben es aber nicht bereut, wie Rückmeldungen zeigen:

„Der gesamte Prozess war sehr interessant: Fragebogen erstellen, Leute kennen lernen, (An-)Spannung beim Gang ins Feld."

„Der Sinn der Theoriearbeit im Studium wurde deutlich." „Wir haben Zusammenhänge erkannt. Die Systemtheorie gibt einen guten Blick."

„Es hat Spaß gemacht mit den Jugendlichen – sie nehmen einen ernst!"

Das Lernziel, die Möglichkeiten und Grenzen von empirischer Sozialforschung kritisch zu reflektieren und an und mit diesen zu arbeiten, konnte durch den interdisziplinären Ansatz, den expliziten Praxisbezug und die flexiblen Gestaltungsmöglichkeiten dieses Projekts in hohem Maß erreicht werden. Bleibt zu hoffen, dass die empirische und argumentative Kraft der Ergebnisse auch Sie als Leser/-in überzeugt!

3. Prof. Dr. Ursula Mosebach
Dekanin der KSFH München, Abt. Benediktbeuern

Die Verbindung von Theorie und Praxis gehört zu den Grundelementen des Fachhochschulstudiums der Sozialen Arbeit. Themenschwerpunkte sind dabei u.a. die empirische Forschung in der Praxis sowie die gesamte Bandbreite der Jugendhilfe. So nahmen zwei Kolleginnen der Katholischen Stiftungsfachhochschule München, Abt. Benediktbeuern gerne das Angebot des Jugendpastoralinstituts an, beim Forschungsprojekt „Aufwind" zusammen mit Studierenden mitzuwirken.

Im Rahmen des Projektes hatte eine Gruppe von Studierenden die Möglichkeit, die Alltagsproblematik und die Herausforderungen an die pädagogische Arbeit der Mitarbeiter/-innen von einigen salesianischen Einrichtungen in ganz Deutschland kennen zu lernen. Aus dem Blickwinkel der (noch?) „heilen Welt" in und um Benediktbeuern scheinen die Probleme der dort herrschenden neuen Jugendnot oft weit entfernt. Durch den Besuch der Einrichtungen und die Befragung der betroffenen Jugendlichen wurde deren ausweglose Situation hautnah spürbar. Jugendliche, die durch alle Netze fallen und am Rande der Gesellschaft leben, werden zunehmend zum Klientel der künftigen Sozialpädagog(inn)en gehören.

In konzentrierter Form konnten sich die Student(inn)en des Vertiefungsbereichs Jugendarbeit und Jugendsozialarbeit anlässlich des Symposiums „Aufwind" in Benediktbeuern über verschiedene Konzepte der offenen Jugend(sozial)arbeit in den salesianischen Einrichtungen informieren. Die dort vorgestellten innovativen Projekte, aber auch die Situation der Jugendlichen, deren Lebensperspektive „ein Leben ohne Arbeit mit Sinn zu füllen" sein wird, machten betroffen und regten zur intensiven Auseinandersetzung mit den Herausforderungen für die Jugendsozialarbeit an. Gleichzeitig erlebten die Student(inn)en in der Begleitung des Projekts ein Beispiel von sehr guter sozialer Netzwerkarbeit und konzeptioneller Weiterentwicklung der Einrichtungen.

Aus der Sicht der Katholischen Stiftungsfachhochschule stellte diese Kooperation mit dem Jugendpastoralinstitut und den salesianischen Einrichtungen eine gelungene Synthese zwischen Praxisforschung und Konzeptentwicklung im Sinne des „Benediktbeurer Studienmodells" dar.

Autor(inn)enverzeichnis

Bisler, Wolfgang, Dr. der Sozialwissenschaften – jur. Fakultät; Emeritus für Sozialwissenschaften der Universität Bielefeld und an der KFH Oldenburg; Organisationsberater, Osnabrück.

Gabriel, Angelika, Dipl.-Theol., Dipl.-Sozialpäd. (FH); Projektbeauftragte und Bildungsreferentin am Jugendpastoralinstitut Don Bosco, Benediktbeuern.

Hainz, Michael SJ, Br. Dr. Soziol. (FH); Geschäftsführer des Instituts für Gesellschaftspolitik und Lehrbeauftragter an der Hochschule für Philosophie in München.

Hillebrand, Claudius, Lic.-Theol., M.A.; Bildungsreferent am Jugendpastoralinstitut Don Bosco, Benediktbeuern.

Lechner, Martin, Dr. theol. habil., Dipl.-Sozialpäd. (FH); Professor für Jugendpastoral an der Philosophisch-Theologischen Hochschule der Salesianer Don Boscos und Leiter des Jugendpastoralinstituts Don Bosco, Benediktbeuern.

Mosebach, Ursula, Dr. phil, Professorin für Theorien und Methoden der Sozialen Arbeit; Dekanin der Katholischen Stiftungsfachhochschule München, Abteilung Benediktbeuern.

Tratberger-Zenker, Petra, Dipl.-Soziologin, Lehrbeauftragte für Sozialwissenschaftliche Methoden und Arbeitsweisen an der Katholischen Stiftungsfachhochschule München, Abteilung Benediktbeuern.

Zinner, Hildegard, Dipl.-Sozialpäd. (FH); Projektreferentin für das Projekt „Aufwind" am Jugendpastoralinstitut, Benediktbeuern.

Partnereinrichtungen mit ihren Projektbeauftragten

(i.d.R. auch Workshopleiter/-innen und Autor(inn)en der Beiträge in diesem Buch)

Don Bosco Club Essen; www.donboscoclub.de
    Susanne Bier (Leiterin) und Sandra Härtig

Don Bosco Club Köln; www.don-bosco-club.de
    Matthias Marienfeld (Leiter), Michael Ewald und Reinhard
    Linke

Don Bosco Haus Chemnitz; www.chemnitz.donbosco.de
    Robert Rainer SDB und Claudia Wiebach (Leiterin)

Don Bosco Haus der Jugend Jünkerath; www.donboscojuenkerath.de
    Anja Leuwer (Leiterin)

Jugendmigrationsdienst Kempten
    Christina Scholl und Annika Geisenberger, ab Sommer 2009:
    Christine Floh (verantwortliche Leiterin vor Ort) und
    Katharina Fedan

Jugendwerk Don Bosco Trier; www.donboscotrier.de
    Martin Stoffel

Manege gGmbH Berlin; www.donbosco-berlin.eu; www.manege-berlin.de,
    Sr. Margaretha Kühn (Geschäftsführerin) und
    Markus Mumday

Villa Lampe gGmbH Heilbad Heiligenstadt; www.villa-lampe.de
    Thomas Holzborn (Leiter) und Markus Rilli